SEXO TAMBIEN ES CULTURA

Héctor Lizana Durán

Derechos autorales

N° 2021-A-5574,

Departamento Derechos Intelectuales. Chile.

ISBN: 9798849207438

Sello: Independently Published

Estas historias nacieron en Chile, en un período complejo, época de protestas al gobierno del presidente del país, periodos de aparición del coronavirus, de contagios, miedos y restricciones. También de libertades ocultas, libertinajes y aumento del número de bebes.

Capítulo 1

Aquí, esperando, amando y copulando.

¿De qué otra forma podría actuar?

¿Qué otras actividades podrían tener en este momento en el que se encuentra la humanidad?

Estamos en pleno año 2.019.

La humanidad vive un instante caótico, extraño, inconsistente. Hay una epidemia colectiva, hay protestas, hay violencias y no hay seguridad. Ese se comenta. Tal vez siempre se vivió un caos, pero ahora está exacerbada por la publicidad, la divulgación multifacética, el incentivo al temor. El pueblo dice que toda esa parafernalia tiene esa finalidad, atemorizar

Hasta se habla de fin de mundo. En la locomoción colectiva escuché un diálogo detallado sobre el tema entre el chofer del colectivo y un joven. El joven había visto una película sobre el tema y el chofer había leído la biblia, se la conocía de memoria, y se informaban mutuamente, con detalles, entusiasmo y emoción, sobre cómo se realzaría este final, la fecha, la hora y se arrebataban con el tema.

Hay que aprovechar el placer mientras exista.

Nacimos para gozar, no para sufrir, decía el hedonista.

Las imágenes dramáticas divulgadas, hileras de ataúdes en Italia, entierros masivos, cadáveres derramados en las calles de Guayaquil y los sepelios sin rituales, sin ceremonias, sin despedidas, ni abrazos, ni besos, impresionan. Y, a veces, provocan un sentimiento opuesto, un alabar a la vida, al amor y al sexo.

Hay un sentimiento de debilidad a flor de piel. Siempre la vida humana fue relativamente frágil, la existencia siempre dependió de una armonía, de un equilibrio determinado para continuar, para poder seguir manifestándose, en suma, para lograr seguir existiendo. Una armonía social. Física, y hasta química. La memoria humana, aunque obstaculizada por los tiempos, indica que cada cierto período a lo largo de la historia fallece mucha gente. Guerras, epidemias, catástrofes, tragedias, pestes. Y después, aumenta la reproducción. Ahora tenemos las imágenes, las insistencias, las repeticiones, los diarios, la televisión, los medios sociales y la aparente intimidad del Internet, constantemente, día a día, hora a hora, a todo instante sobre nosotros. ¿Quién paga esa publicidad?, preguntaba el pueblo. Porque no parece noticiero, parece publicidad.

Sentía que nos quieren encerrar, mantenernos, en nuestras casas, nuestros cuartos, nuestras camas. Dentro de la gama de posibilidades, podemos escapar de esa trampa y recurrir a una de nuestras salvaciones, de nuestros entretenimientos, nuestro motor, el generador de la energía, la inspiración genial del arte y la literatura, el sexo. Algunos iluminados pueden transformar esa energía en el generador de la espiritualidad, el motor de la creación, del arte y la religión. Otros, no

¿Sera que el cien por ciento de la humanidad está informado de lo que ocurre y de la intensiva campaña mediática? ¿Quién no debe saber? Un indígena isleño, un ermitaño solitario, una población aislada de la mundana vida, los eremitas o los miembros de comunidades encerradas.

Dicen que la epidemia está dirigida a los viejos. Las calles, rumorean, están llenas de ancianos que deberían fallecer, han cumplido un ciclo de vida y su mantención es cara.

Irónicamente quien comunicaba eso y repetido en internet muchas veces, ya tenía el pelo cano, era una dirigente mundial, pronto sería una anciana. ¿Ignoraba ella el círculo rotativo?

Aquí en Chile, las noticias, y la llegada de la epidemia de gripe ahora con nuevo nombre, interrumpió la serie de gigantescos e interminables protestos, que hicieron tambalear al presidente, y que se llamó: la revuelta social.

El estallido, como también fue llamado, fue repentino.

De pronto, un día normal dejó de ser normal

Almorzaba en la casa de mi hermano en un barrio al sur de Santiago de Chile, celebrando el cumpleaños. Era una pequeña casa quinta, con árboles y flores. Con las paredes decoradas, con fotos y cuadros. Y muchas antigüedades. Todas familiares. Hasta el sillón mecedor del abuelo estaba ahí.

Una gran muralla los circundaba y protegía de la calle. Y tres perros, considerados gente, por la prima Inés, la dueña de la casa.

Al salir para volver a Valparaíso, la vecina gritó,

- "Están quemando el metro de La Cisterna. "

- La televisión está filmando.

Mi hermano me observa, y exclama, inmutable.

Son mentiras, imaginación. Eso no existe, dice mientras me despedía.

Como conservador, no creía en los cambios repentinos.

Tenía inculcado en el fondo de su educación, las frases de su abuela, la que lo había criado, representante directa de la antigua oligarquía rural, de los tiempos de la hacienda, donde ella había nacido y vivido hasta su casamiento. Lugar donde no nacían los niños a través del sexo, los traía la cigüeña, y como se generaban, era un secreto de las penumbras, de los toqueteos silenciosos y con osadía, de los

murmullos y los sueños y, para algunas solo revelados en la noche de nupcias.

La vida patriarcal, las pinturas, los retratos y las fotografías-innovación en esa época- de los antepasados históricos en las paredes, los que habían recibido las heredades, desde los tiempos de la fundación del país, en los que los españoles, invasores, tomaban la tierra americana como si fuese de nadie y disponían de ellas, como dueños y señores. bajo el poder de esas armas modernas para aquel tiempo, las armas de fuego. Las lanzas y las espadas ayudaban. Y había otras armas invisibles, las enfermedades contagiosas desconocidas en esta región que se propagaron libremente. Los nativos que ahí vivían, si sobrevivían y tenían suerte, se encontraron con un cerco, y continuaban libres y si estaban dentro del perímetro del cerco, con un propietario

La hacienda tenía como punto alto, las extraordinarias visitas del hermano clérigo desde el Vaticano, donde cumplía funciones en el Alto Episcopado. Un cargo único en la región en ese tiempo. Había llegado a ser Provincial de la Orden de los Mercedarios, en Chile, el cargo más importante de esa orden religiosa. Su llegada era una fiesta regional, que movilizaba a la iglesia local, a los católicos y a los vecinos.

-Viene Monseñor, decía su madre, nuestra bisabuela, cuando su hijo anunciaba visita y preparaba la casona para las recepciones.

Ella, educada así, en un mundo elitista y tradicional, no consideraba, ni miraba a los que no eran de su categoría. Menos si no conocía la familia, sus padres y los abuelos.

Tampoco se saludaba quien no había sido presentado socialmente.

En lo que, si era avanzada, era feminista.

Cuando aún no existía ese término.

El bisabuelo había quedado ciego y las riendas, el mando, las decisiones de la hacienda, de la casona y de la familia, las determinaba su madre, la bisabuela.

De ahí había aprendido a mandonear, a decidir y ordenar.

Capítulo 2

Ya en la calle, subí al bus vecinal, atento.

Antes de llegar a la estación de La Cisterna. Me informo con una señora cercana.

- ¿Hay locomoción hasta el centro de la ciudad? Ya que imaginé que el metro no estaba funcionando

- Sí. Me responde, con acento colombiano

Y agrega, amable: Hay otro bus que llega al centro de Santiago.

Me uno a ella. Nos bajamos antes de la estación incendiada y me dirigí al transporte indicado. Desde la distancia observo la estación del metro cercada por los carabineros, el tumulto, el humo, las destrucciones a su entorno y la consecuente agitación en los alrededores.

Subimos, por atrás, como todos los extranjeros lo hacían, sin pagar.

Continuamos el largo camino al centro de Santiago.

Observo los forasteros en el bus, lleno, plenos de sensualidad, un brasileño musculoso con ropas apretadas exhibiendo el bulto de su miembro, una colombiana ostentando sus pechos, ondulantes, y la ropas, brillantes dando una tonalidad diferente a este gris mundo chileno.

Llegamos. a la calle Alonso Ovalle, a cien metros de la Alameda, el más antiguo eje central de la ciudad.

El bus se detuvo y no avanzaba.

Desciendo. Camino hasta la Alameda de las Delicias, el primer nombre de ese sector, frente al Palacio de la Moneda.

Todo parecía detenido. Y estaba. Interrumpido.

El lado sur, el que iba a la zona oriente, hacia la cordillera, a los barrios elegantes estaba con el tránsito totalmente parado. Buses, camionetas, automóviles y camiones estaban detenidos, sin moverse, en un taco que parecía kilométrico.

De fondo, los antiguos edificios, oscurecidos por los años, el polvo centenario y el smog.

Y, el lado norte, que iba al lado del litoral no se veía ningún vehículo, estaba vacío.

Solo unos diez jóvenes, atravesados a través de la calle, interrumpiendo cualquier posibilidad de tránsito.

A lo lejos se veían carabineros, se escuchaban sirenas y ruidos de bombas.

Decido caminar ya que no se veía ningún bus, ni colectivo. Menos aún, un taxi.

Sorpresa. Al llegar a la otra esquina nuevamente otros jóvenes interrumpiendo la calle,

Ahí los carabineros, el orden policial chileno, tiran bombas lacrimógenas, pero los jóvenes, ágiles, desaparecen rápidos entre la multitud.

Quedaban los explosivos, la confusión, los uniformados, que parecían desorientados y el perturbador olor a gas lacrimoso.

Y en la próxima calle, nuevamente los mismos actos de los jóvenes y el mismo actuar de las autoridades.

En toda la Alameda, hasta la Estación Central, se repetían los gestos.

Unos pocos jóvenes, conseguían detener todo el tránsito de la principal calle de la megalópolis.

Genial. Qué estrategia genial. ¿Cómo tan pocos conseguían detener el centro de una ciudad superpoblada? Tenían la principal avenida de la ciudad, detenida. ¿Quién planeó esa táctica? Porque era evidente que había una planificación organizada, que esa protesta no era natural ni espontanea. Había motivos, insatisfacciones, protestas guardadas en el inconsciente hace años. Pero ¿Será que era una táctica regional?, se preguntaba el pueblo. ¿O era internacional y venía de la escuela de guerrillas de Colombia, de sus profesores cubanos, rusos o árabes?

¿O chinos? Talvez de la cultura de Internet. ¿O una mezcla de todos? No se sabe. Todo puede ser, pero que es efectiva la planificación estudiada, se nota.

Ante esas acciones los carabineros, sus uniformes y sus aparatos bélicos parecían sorprendidos, ultrapasados y sin táctica. Corrían para allá, para acá, algunos efectivos obesos, no podían ni trotar,

Continúo avanzando, con el apoyo de mis bastones, a través de toda la avenida, la Alameda Bernardo O'Higgins, el nombre actual del antiguo paseo.

Cuadras y cuadras.

Todo el mundo caminaba aparentemente tranquilo, observando de lejos, sin participar, pero atentos.

Acostumbrados en las últimas decenas de años a todo tipo de manifestaciones.

La avenida entera matizada con el olor a gas lacrimógeno, la bulla de las sirenas, los uniformados y los ágiles jóvenes.

Paso frente a la antigua Estación Central, que aún está invadida de vendedores ambulantes, la mayoría extranjeros, que resisten, como árboles estoicos, a los protestos, a los gases lacrimógenos, al desorden, al caos, y liquidan las mercaderías que venden sin salir de sus puestos.

Llego al nuevo terminal de buses. Nuevo, el terminal está ultrapasado.

A pesar de amplio internamente, las calles que lo circundaban eran estrechas, del tiempo de las carretelas, los vehículos inmensos, se movían con dificultad y se detenían con los tacos que había en toda parte. Hasta el terminal estaba abarrotado.

Los buses salían lentamente, llegaban atrasados y salían tarde.

Otros lugares de las calles también estaban congestionados

Muestro en la boletería mi pasaje, adquirido previamente, y me dan un boleto para las nueve de la noche. He demorado casi cinco horas para llegar.

Telefoneo a mi hermano,

- ¿Llegaste' a Valparaíso?

- Estoy recién saliendo de Santiago.

Ese fue mi primer contacto con el caos social, acá en Chile. Las primeras señales de desaprobación masiva al gobierno

El Chile oculto que se mantenía callado y podía explotar ante cualquier empujón, ante cualquier incentivo, viniera de donde viniera...

Capítulo 3

Al día siguiente fue el estallido en el Puerto de Valparaíso, donde yo vivía

La explosión colectiva había comenzado con un protesto de estudiantes en el metro de Santiago de Chile, la capital. Una reclamación iniciada por el alza de los pasajes. Aumento decretado por un grupo de expertos, especialistas que lo más probable es que nunca usasen el metro como locomoción cotidiana. Los estudiantes invadieron la estación del metro, saltaron las vallas que controlaban la entrada de pasajeros, demandaban, reclamaban, gritaban, saltaban y querían cambios…Eso fue filmado, exhibido a nivel nacional e internacional por las radios, las televisiones y por internet.

Al otro día, el consecutivo, no se detuvo, aumentó la protesta, el reclamo y los deseos de alterar la realidad.

Luego se inició la protesta en Valparaíso con una marcha por el centro de la ciudad puerto, partiendo del área del bello y amplio espacio de la calle Sotomayor, que comenzaba junto al muelle del puerto, antiguamente el más importante de la región, cuando aún no existía el canal de Panamá y el tráfico naviero tenía que hacerse por el Estrecho de Magallanes, única vía para llegar al Océano Pacífico Sur desde el Atlántico. Continuó cruzando la ciudad, pasando por la agitada y popular Plaza Aníbal Pinto y por la Plaza de la Victoria, otrora el centro social de la ciudad. Los estudiantes, los idealistas, los anarquistas, los jóvenes, los protestantes, las mujeres, los indigenistas, los inconformados fueron los primeros atravesando con gritos, cantos estandartes y hasta danzas, la urbe. Banderas chilenas, mapuches, partidistas, gays y de todos colores ondulaban junto a los desfiles- Al atardecer se añadieron los trabajadores de las tiendas de comercio, los operarios saliendo de su turno, y, mimetizados, los saqueadores y los delincuentes, todos juntos.. Ahí continuaron ya gritando, comenzaron apedreando y terminaron destruyendo, saqueando y quemando todo lo que podían. Ardieron primero los basureros, después los papeles y cartones, en el medio de las calles, y, al final, algunas tiendas y otros antiguos edificios comerciales. Destruyeron los bancos de piedra, hasta el piso de la plaza, para arrancar pedazos de baldosas y usarlos como proyectiles. Y todo lo que podía ser demolido a mano. Eso fue el primer día en el puerto. Al segundo, aparecieron con herramientas destructivas, martillos, palancas y chuzos.

La realidad era que esa explosión social era aprobada por casi el cien por ciento de todos los asalariados del país.

Era una situación, que vista de lejos, era increíble, casi inconcebible, que hubiese sucedido y aún sucediese. Los empleados debían, eran obligados a pagar un porcentaje de su sueldo para su fondo de jubilación. Se suponía que ese dinero era del trabajador, para su retiro pero que pasaba, transcurrían los años, cada fondo particular de cada empleado, crecía de una forma asombrosa. Llegaban a varios millones. Pero en la hora de las verdades, de los hechos reales, ese dinero no se le entregaba los depositantes, a los presuntos dueños del dinero.

Se les hacía participar de unas empresas capitalizadoras, que manipulaban el dinero, lo hacían crecer, cobraban por ello, y después le decían al depositante.

-Mire, todo ese dinero es suyo.- Eran millones- Pero no lo puede tomar, ni gastar, ni sacar.

Como cuando inviertes en oro y solo puedes mirar las barras del metal por fotografía.

-Pero le vamos a dar, mensualmente, una cantidad y esa cantidad, a pesar de ser proporcional al monto era menor que el salario mínimo.

Ridículo.

Y ese dinero acumulado, se juntaba en un fondo común, que es tan grande, que las mayores fortunas de Chile, no les llegaban a los talones. Esa inmensa cantidad de dinero se va a las grandes empresas, como inversiones o préstamos.

O sea, el gran capital de Chile se mueve con ese dinero y quien administra esas grandes agrupaciones, claro, profesionales, empresarios y políticos.

Políticos de todas las tendencias posibles. Léase izquierda, derecha, independientes, semi izquierda, ultraderecha, autónomos y libres tiradores.

Cuando un político, de alto cargo y magnífico sueldo, piensa en su futuro, porque en Chile los políticos son pagados a precio de oro, mueve los palitos, los amigos, los ya favorecidos en su cargo, los que le deben favores, hasta los que le dieron la mano más apretada, para conseguirse un puesto en una de esos directorios y sus fastuosos sueldos.

Por eso no existía la voluntad política para acabar con ese fondo.

Estaban todos dentro del mismo engranaje.

Y se sospechaba que no hay dinero en ese fondo suficiente para cubrir todos los depósitos participantes.

El pueblo creía que, si suma el dinero depositado por todos los trabajadores del país y el dinero que realmente hay, no alcanzaba. Desapareció, se esfumó una parte de ese dinero, eso creía el pueblo. O sospechaba.

##########

El comercio de las calles centrales de Valparaíso fue casi todo destruido, arrumbado, saqueado y robado las primeras noches de la agitación. Algunos locales, incendiados.

Algunas casonas hermosas, patrimoniales, de más de cien años, fueron quemadas. El plomo, el negruzco, el color de los restos de los incendios invadía todo.

###########

Hace un poco más de cien años, los grandes terremotos de 1906 destruyeron casi todo Valparaíso. Según la escala de Mercalli, la escala que mide los sismos por sus efectos y destrucción fue grado nueve,

Las más grandes construcciones, los más importantes edificios fueron destruidos, se cayeron, se dañó su estructura, total o parcialmente y muchos se incendiaron después.

Así,, los grandes predios que hay en Valparaíso fueron construidos después de esos terremotos. Hasta los palacetes.

Se salvaron pocos, la Aduana, el edificio más antiguo de la ciudad, fue uno de ellos.

El palacio Lyon, otro.

Dicen los anales de Valparaíso que fueron dos terremotos, con intervalo de minutos. al comienzo de la noche cinco minutos para las ocho de la noche, el primero...

Dejó la ciudad prácticamente destruida y más de tres mil víctimas fatales., lo que en esa época era mucho.

Se comenta que la explanada, el llamado plan de la ciudad había sido substraído al mar, rellenado, aterrado y preparado para la construcción de una mala manera, el terreno se movió más de lo debido y ayudo en la destrucción

########

Extraño, comentaban algunos argentinos nosotros protestamos y gritamos, pero no quemamos nuestros monumentos, tampoco los brasileños, ¿Por qué aquí destruyen y queman todo?

Me acuerdo de los "malones" de las clases de historia estudiadas en el liceo. Los malones, en Chile, eran los ataques de los antiguos mapuches, los habitantes del sur del país, que, inmigrando, habían llegado ahí y se instalado, a las incipientes poblaciones españolas instaladas en su territorio el extremo sur de Latinoamérica. Un grupo de nativos se organizaban, planeaban y, guerreros como eran, atacaban, arrasaban y saqueaban los poblados.

Eran ataques, rápidos, violentos y sorpresivos, con saqueos, robos de animales, raptos e incendios.

##########

La hermosa casa rosada, donde vivo, casi fue quemada. La antigua casona, que también fue construida a comienzos del siglo diecinueve, después del gran terremoto, como academia de música y sus cuatro pisos estaban divididos en salas donde se impartían clases de música.

Ahora el viejo palacete era arrendado por pisos y los pisos por salas. Estaba descolorido y mal tratado. Los espacios de abajo, que tenían grandes portones y daban a la calle Carlos Condell, una de las principales de la ciudad, eran arrendados para comercio; uno era una armería y el otro una sala de venta de discos e instrumentos musicales.

Esos locales fueron saqueados.

La armería, totalmente.

Fue por etapas.

Supimos porque todos los moradores de la casona estábamos atentos y vigilantes.

Me acuerdo de que me recosté con ropa, como había aprendido en los sismos de Iquique y una pequeña mochila con los documentos, lo mínimo esencial. Esto para correr en caso de emergencia.

La inmensa casona, de cuatro pisos tiene una sola salida, estrecha.

No hay vía de escape. Es una entrada que es también salida.

La idea de correr era una ilusión. Como la ilusión de un suicida que cree que si muere se van a resolver todos sus problemas, sus dolores y sufrimientos.

Cualquier incendio, derrumbe, tragedia, cerca de la puerta de única de entrada y salida nos quema y afecta a todos los moradores del predio. Y a todos los edificios aledaños, que se repetían como gemelos, por la calle que la esquinaba, Batalla de Huito, y seguían hasta llegar a la próxima paralela, José Santiago Aldunate y Toro.

Un primer grupo de jóvenes arrumbó las puertas de la armería, una segunda oleada, segura y constante la fue saqueando por horas. Era fácil, entrar y llevar. Estaba abierto. Nadie vigilaba ni reprimía. Los carabineros que ordenaban y controlabanan no estaban, habían desaparecido y los sublevados hacían lo que querían. Después, cuando ya no quedaba nada y parecía abandonada, entran dos jóvenes, una pareja, silenciosos, que la incendian y salen rápidamente.

Se sabe de eso porque Tony, el argentino, dueño de la casa de música, que estaba con su equipo de trabajo, atento, vigilando su disquería, los vio entrar y salir, y usando sus extintores apagó las primeras llamas, convocó los bomberos y la policía.

Gracias a eso, las edificaciones se salvaron.

Si se quema ese local, se quemaban los pisos de arriba, la casa entera y la cuadra toda, porque la vieja construcción de madera y adobe llega hasta la calle de atrás, Aldunate, junto al elevador del Cerro Bellavista.

Capítulo 4

El segundo día de la protesta, en Valparaíso, la multitud, centenas de protestantes, se dirigieron hacia el edificio del Congreso, la cueva de Alí Baba, como es conocido por el pueblo irreverente.

Estaba protegido por carabineros y rejas, pero el ímpetu de los manifestantes fue tanto, que consiguió, que algunos pasasen las vallas, llegasen hasta las puertas y quebrasen algunos vidrios. Peñascos arañaron las puertas, llegaron hasta las salas del primer piso, y la seguridad del edificio congresal tuvo que actuar, como nunca, y proteger la entrada, los ascensores, las oficinas, las salas y los lujosos lugares de reunión de los funcionarios mejor pagados del país, los diputados, los senadores y sus asesorías.

Esa misma tarde, el pueblo oyó rumores, que se iban a bajar los sueldos millonarios, esos dignos de maharajás que recibían todos los meses, que iban a disminuir los gastos y reducir las ostentaciones. Se prometió que se aprobarían proyectos de leyes que hace años dormían en el Congreso. Se prometió todo lo que se pudo, todo lo que la palabrería puede crear.

Se habló y habló.

Se comentó y se comentó.

Al final se burocratizo. Con el pasar de los días las promesas quedaron como promesas.

Cuando disminuyeron las protestas, todo pareció quedar igual.

Las vallas protectoras se multiplicaron, el área de protección se amplió, se sumaron la seguridad y la cueva de Ali Baba, se tornó intocable.

Y pasaron días y días en protestas permanentes.

############

Mi vecina, la Poderosa, interrogó a una joven que protestaba y atacaba.

- ¿Por qué hacen esto?
- Somos soldados del pueblo, le respondió
- ¿Y les pagan?
- Claro, somos soldados.

Había voces que decían que eran organizaciones internacionales que apoyaban y lo financiaban, pero esas voces eran rápidamente calladas e ironizadas por poderosas opiniones públicas que no querían que se divulgase esa teoría. O no les interesaba.

El pueblo se acordaba que el presidente actual, había ido a la frontera de Venezuela, a criticar, a provocar, a discursar e a invitar a los venezolanos. ¿Qué semillas plantó? Nadie lo había convocado. Había ido a incitar. El pueblo se preguntaba si no sería una solapada respuesta a esa provocación. En el sur, en Panguipulli, fue detenido un joven venezolano, de diecisiete años, entre los incendiarios de la Municipalidad local. ¿Qué hacía un emigrante atacando en ese lugar? Y en diferentes regiones se escuchaban acentos extranjeros en medio de las protestas. También, había tantos forasteros viviendo en el país últimamente que en todas las regiones había extranjeros

Al frente de nuestra casa, había otro e, un ciudadano colombiano, que, desde su ventana, coreaba e incentivaba los ataques, fotografiado, denunciado y filmado por la Poderosa.

Sorpresivo y coincidente fue que ese estallido social, en Chile, aconteció justo antes de varias elecciones presidenciales en diversos países latinoamericanos, lugares donde la competencia política era importante.

Había luego, en pocas semanas, elecciones en Uruguay, Argentina y Ecuador.

En todos ellos, el modelo de Chile, un ejemplo del éxito económico era un paradigma. Ahora esa protesta, tan mediática, influiría en la decisión de los votantes. Los indignados eran muchos. La divulgación, también.

Salían masivamente a la calle.

Pero los que continuaban trabajando también eran muchos. Había los que eran contratados y tenían que trabajar, empleados particulares que tenían que cumplir sus obligaciones para recibir su salario.

Por otro lado, estaban los libres, los independientes, los vendedores autónomos, los artistas y hasta los pordioseros que vivían de su limosna cotidiana.

Yo pertenecía a los independientes así que me iba todos los días a Viña del Mar a exponer y a hacer retratos

Esos días de protesta, todos los días, retornaba más temprano, para no toparme con las bombas, las piedras y los gases que todo lo invadían como un fétido manto invisible, invasivo, penetrante y abusado.

Ese día, al comenzó del final de la tarde, emprendo el retorno a mi taller, donde vivía. Me voy, de bus, por la avenida Federico Errázuriz, nombrada así en homenaje a un antiguo presidente, para bajarme en la calle Arturo Edwards Ross y caminar hasta la Calle Carlos Condell, el comandante que, junto a Arturo Prat, comenzó a cambiar la historia de Chile, en Iquique. Estoy llegando a la Avenida Brasil, cuando escucho, a lo lejos, el conocido estribillo, tan popular en Chile, infaltable en toda marcha y protesto popular.

El pueblo unido

jamás será vencido

Gracias a Dios, me digo, está comenzando. Conseguiré llegar a mi taller antes de los tumultos.

Continúo. Estoy entrando en la calle de Molina, casi llegando a la Plaza de la Victoria, cuando escucho las primeras bombas.

-Tan rápido, me digo.

Y momentos después, una juventud, ágil y dinámica, invade el sector donde estoy y mís alrededores como un torbellino, o un cardumen, ágil y dinámico.

Estoy parado como una pequeña roca, señalando un escollo a su correría.

Un joven no encontró nada mejor que tomar mi sombrero y ponérmelo tapando mi rostro. Tal vez, imagino, me quiere proteger del gas lejano, en ese momento, o tal vez quiere divertirse un poco, como quien está en una festividad. Porque, todos estaban protestando, pero había los que lo hacían con humor y se estaban divirtiendo, los que estaban dando rienda suelta a su energía y disfrutando del inmenso placer de romper los esquemas, liberar la adrenalina, como lo hacíamos nosotros hace sesenta años.

Cuando retiró el sombrero de mi rostro, miré alrededor. Estaba rodeado de jóvenes inquietos, esperando reorganizarse. Tenía realmente algo de carnaval ese desorden, ese reinado del rey caos, esa alteración momentánea del orden, el Imperio de la anarquía.

Decidí volver a la Avenida Brasil y entrar por la calle Batalla de Huito.

Entro y estoy llegando a la vía del presbítero Salvador Donoso, saturada de gases.

Tengo que atravesarla para llegar a mi taller.

Camino.

Desde una ventana, una voz femenina me llama.

- Señor, señor, entre.

Había tanto gas en el aire, que decido entrar.

Era una joven pareja que vivía en ese pequeño departamento, estaban indignados con la revuelta, los gases, la confusión y los gritos.

Me hacen entrar, me dan limón, agua y me ofrecen un asiento.

Me quedo unos diez minutos mientras se tranquiliza la calle y se purifica el aire.

Agradezco y me retiro.

Me quedaban unos cincuenta metros.

Camino lentamente, con mi bastón de madera y un pequeño bolso con ruedas.

Estoy listo para cruzar la calle Carlos Condell y llegar a mi casa, cuando aparece agitado un joven alto y dinámico, me toma, me abraza y, prácticamente me arrastra hasta la orilla de la pared.

- ¡Los pacos¡¡Me dice al oído, tratando de ocultarme, a la vuelta de la esquina, en el recodo, mientras me aprieta y como que me abraza, estrechamente.

Ahí veo pasar un convoyo. Había un guanaco, el carro lanza agua; un zorrillo, el vehículo que emite gases; otro carro lanza agua, un gran camión cárcel, una micro de carabineros y un radio patrullas.

Todos con ese color verde oliva oscuro, todos manchados y aboyados por las piedras, ladrillos y patadas que recibían. Intranquilizaban.

El convoy se detuvo frente a nosotros.

En eso, el joven que me abraza fuertemente mientras agita su cuerpo junto a mi cuerpo, se pone, a gritar;

- “Pacos, culiaos, váyanse a la chucha.” Y repite.. Pacos culiaos váyanse a la chucha

El gritaba, agarrándome. Si no estuviese cansado. En un momento de tensión, habría pensado que era un abrazo erótico y habría aprovechado de disfrutar de eso, pero no lo pensé en el momento.

Yo, al frente, boquiabierto…

De pronto, me suelta. De repente sale corriendo.

Ahí, medio lelo, con la presión alterada, me agarro al bastón, aferro el manubrio de mi bolso, respiro hondo y decido cruzar.

El convoy estaba detenido frente a la puerta de la casona donde vivo.

No hay otra opción.

Que podría hacer, tirarme al suelo, sollozar, pedir permiso. No eran mis pensamientos. No está en mi ADN.

Decido atravesar entre dos vehículos del convoy que dejaban un espacio de unos dos metros.

Estoy atravesando, cuando veo que uno de ellos comienza a retroceder. Tengo certeza que no me ve, aunque en esos momentos no hay nada cierto. Así, que, cojo y todo, doy un salto y llego a la vereda.

Por fin abro la puerta.

Llegué.

Más tarde, con la llegada del atardecer y de nuevos participantes, las protestas se pondrían más duras, las pedradas más fuertes, se añadirían a los estudiantes, otros protestantes, entre ellos, trabajadores del comercio local, operarios saliendo de su rutina, desocupados, marginales y oportunistas. Del lado represor, se agregaron a las bombas lacrimógenas, un tipo de balas, que hirieron jóvenes, los machucaran y, a algunos les cambió su vida para siempre, cegándolos.

Capítulo 5

Hemos cumplido una etapa. Bien, más o menos, o mal. Pero la cumplimos.

Es repetida la frase: Solo me arrepiento de lo que no hice.

¿Hicimos todo lo que deseamos?

Mi empingorotada vecina, la Poderosa, parece que no. Tiene pavor, está con pánico. Teme contagiarse y fallecer. Es la primera que escucha los rumores de la nueva gripe que llegan opacando y asfixiando las interminables protestas.

-Soy vulnerable, dice, cardíaca, operada, débil.

Y llora con una fuerza que niega sus frases anteriores.

Su mejor amigo, otro vecino, el marinero, comenta con una crueldad camarada, "¿No se mira el carnet? En algún momento tiene que llegar su momento final."

Ella se cuida, sale a la calle, preservando su jubilación privilegiada, enfundada en varias capas de ropa, que cuando vuelve, lava. Usa doble mascarilla, paño en sobre sus cabellos Se cuida. Se cree de una elite. Ahora el dinero es el que abre puertas. ¿O siempre fue? Pero no todas las puertas.

"Poderoso caballero es don dinero", un refrán antiguo.

Aunque no es tanto el dinero que ella tiene. O posee. Se cree el cuento que es poderosa. Tiene más dinero en su imaginación que la que realmente posee. Tiene más plata que sus vecinos, pero vive en un vecindario pobre, no es difícil tener una mejor economía. Su correo tiene algunas cobranzas que no paga. Es el mal del momento de los algunos, comprar más de lo que pueden. Y deber, acrecentar más deudas a las deudas y después hacerse el desmemoriado. No leer los cobros. Ella es jubilada con una buena renta. Arrienda la mejor pieza de la casona. Una pieza. Dicen que se cree dueña de la casa donde vive. Eso sí que tiene una inmensa energía, inagotable. Así que limpia. Vuelve asear. Llama a todos de sucios y vuelve a limpiar. Los virus están en todas partes y, felizmente, ella quiere expulsarlos a todos. A veces, de madrugada, se levanta pasar el trapero. Y a reclamar. Porque limpia reclamando para comunicar a nosotros, los vecinos y al mundo, que ella limpia. Es histriónica. Claro tiene su lado amoroso. Cuando cuida ancianos, se encariña con ellos. Debería ser actriz

-Si yo me retiro de ese trabajo ¿Quién va cuidar de ellos? ¿Quién los va a bañar? ¿Quién los va a lavar cuidadosamente?

También, en su soledad, en su necesidad de acercamiento, de cariño y de sexo, se interesó por un joven indigente que se sentaba justo en la vereda, frente a su ventana. Como pasa todo el día ahí, observando, lo vio. Notó que no comía. Al día siguiente, percibió que el dueño del kiosco, le daba desayuno. Advirtió que recibía algunas monedas. El día domingo que el kiosco no abría y el dueño no iba, no habría desayuno, ella le llevo uno. Conversó con él. Reparó que estaba sucio, que tenía la piel fresca y la vitalidad a flor de piel.

Decidió bañarlo, así como bañaba sus ancianos. Se imaginó, feliz, bañándolo, cariñosa.

Como el baño era común en la casa, un único baño para todo el piso le comunicó a la administradora.

-¿Esta trastornada? Un mendigo que puede estar lleno de infecciones, usando el baño que usan mi delicada hijita. No

Y así se quedó ella con las ganas y sus dedos para satisfacerse, observando en el balcón, hasta que un día el nómade, desapareció.

########

Y me vigila.

Habla con la administradora. Sobre los contagios…

Observa mis salidas, mi cuarentena extraña, un poco en la calle, tres o cuatro horas sentado frente a la puerta de la casa exponiendo mis pinturas, ante el aire contaminado por las descargas de la locomoción, los transeúntes caminando, que hay menos pero hay y el virus, irreverente, invasivo, minúsculo e insolente que se mete en todas partes.

Esta lista para llamar a los carabineros, al ejército y a la marina, ante cualquier anomalía en mi salud, en mí actuar, en mi comportamiento. Llamar, llama, que la escuchen es otra historia.

¿Cómo habrá sido su juventud?

Por los años debe haber pertenecido a la generación de las coléricas, como se le llamaba a las adolescentes que enloquecían con el rock and roll, perdían la compostura, cantaban, bailaban y gritaban y se descontrolaban cuando ellos se exhibían.

Después, vivió el período de la dictadura.

¿De qué lado estaría? ¿Los buenos o los malos? ¿Los casi angelicales o los históricamente malignos?

Algunos dicen que, en Chile, todos tienen un poco de los dos lados. Todos. Si hay una tragedia, un terremoto o una catástrofe, nace el lado solidario, el espíritu del Padre Hurtado bondadoso y colaborativo, pero si alguien les pisa un callo, el dedo gordo o le empujan, les sale un Pinochet prepotente y abusivo al instante. Todos.

Ella no es del tipo indefinido políticamente hablando.

Hay que preguntarle a su mejor amigo, el marinero.

Ella perteneció a la Policía de Investigaciones, señala el marino. O sea, era parte del poder en ese período dictatorial que aún divide Chile.

Según su gran amigo, el ex navegante, trabajaba en el área de la identificación, el de las huellas digitales, un departamento interno. Pero era parte del poderío, del poder opresor del momento. Aún mantiene ese aire ocultamente poderoso, de quien conoció y usó los entretelones de los círculos de la autoridad, por lo menos los vislumbra. Conoce mucho más que el común de los mortales. Tiene el aire de quien cree que aún participa de la autoridad. O está, arriba de la normalidad, gracias a ese conocimiento y cercanía que tuvo de los poderíos. O se cree aún parte de ellos.

Pero su seguridad está cercada de miedos, pavores, en realidad, teme a las enfermedades a su salud, al contagio, a la muerte.

Aún se notaba que tiene que haber sido una mujer ardorosa. Todavía se notaba sus deseos insatisfechos. Porque muchas señoras de edad mantienen los mismos deseos que su juventud, solo que aquí, los retornos afectivos, a esa edad, son pocos. Ella tiraba indirectas, frases, hasta piropos para su amigo más cercano, el antiguo navegante;

- Tomo sol, desnuda, para que mi cuerpo no tenga marcas

O coquetea: ¿Me queda bien este vestido?

O –"Por favor, ¿me ayuda a resolver este problema en el computador? Eso funcionaba más Y pasaba horas, ahí, lado a lado, tocándole el brazo, dándole un tecito, un queque, cientos de sonrisas. Cuando se retiraba, ella tenía que autosatisfacerse y llegar al orgasmo con algún aparatito sexual y su imaginación.

Pero el nauta estaba dedicado su nueva pasión, Daniel, un sibarita, el nuevo vecino, que compartía su gordura blanca y su gran pene, según él -que se auto promovía- con su novia, su alegría, con el marinero, con el bolerito como llamaba a un pintor de pequeño tamaño, y con quien apareciese, Era un gozador.

--Está temblando, tengo miedo, puede venir un terremoto, ven a dormir conmigo, le telefoneaba, a veces, Tenorio, el ex marino, a Daniel. Este, generoso, iba. Antiguamente, el nauta, aplacaba su soledad con el pisco. Pero ahora, todo había cambiado. Por Daniel, había dejado de beber como un condenado, su vida sin rumbo, y se apoyaba en ese nuevo amigo como un bastón de salvación.

Capítulo 6

Había. un reportaje sobre un país africano especializado en turismo sexual para señoras añosas europeas. Con mucho éxito. Ellas llegaban en viajes especializados, en aviones, y ahí estaban cariñosos, amistosos y potentes, los africanos, esperando hacerlas felices y ser recompensados por eso.

Cuando joven, recuerdo que, cuando pasaba por la Lapa, un barrio de bohemia fama, en pleno centro de Rio de Janeiro, unas señoras de edad, muy pintadas, exageradamente, se exhibían, a través del viejo ventanal de una casona. Me saludaban, saludaban a todos, sonreían y llamaban a los machos a un acercamiento. Si practicaban la prostitución, todas las noches, es porque tenían clientes.

En mis tiempos mozos, conocí una prostituta veterana, alemana, debe haber sido una belleza, cuando joven. Aún mantenía restos de ese pasado. Los caminos de la vida, como dice la canción, la habían llevado a ese tipo de vida. En la época que la conocí, muy señora, vistiendo un traje dos piezas, de colores grises, practicaba la profesión más antigua del mundo, con entusiasmo y dedicación. Era su solución.

A los gritos, una anciana dama, recién egresada de un curso universitario sobre la vejez, decía:

-Si, las mujeres tienen deseo sexual toda la vida, Siempre.

Pero mantenía a su amante, un pescador potente, invisible para no escandalizar.

Capítulo 7

La administradora de la vieja casona es una cuarentona, aparentemente simpática, como toda vendedora. Conserva los restos de lo que tiene que haber sido una joven bella. Según su tía, no ha tenido un buen vivir. En realidad, es una pequeña máquina calculadora. Solo piensa en dinero, dice el pueblo, que solo quiere ser rica, como su primo comerciante exitoso que le sobra la riqueza.

Cuando se pone histérica, es terrible. Habla sin parar, no escucha argumentos. Continúa hablando. Con un vigor impresionante.

Niña, aún niñita, su madre la abandonó. La tía se transformó en su tutora. Lo que significa que se educó sola, porque una tía o una abuela por lo mejor intencionada que sea no suplen la educación de una madre y un padre. Una tía puede dar ejemplos, una abuela protección, pero orientar los primeros instintos, solo una madre y un padre. En esa soledad provocada por esas ausencias, el niño se cría, como un salvaje, autónomo, inventando, instintivamente, sus comportamientos más íntimos.

Joven, se casó, hermosa. Muy bien casada, dice la tía.

Todo, comenzó bien. Hasta que nació la hija, con problemas congénitos. El esposo, decidió retirarse, abandonar el casamiento.

Y se separó. Acabó el matrimonio. Nuevamente sola.

Su apoderada, la tía, arrienda un piso de una casona, fue una de las más bellas de Valparaíso, a pesar de su belleza estar escondida con el polvo de los años, del descuido y la desatención.

El gran salón, con ventanales, lo ocupa la sobrina y su hija, el resto, se arrienda. Así viven con tranquilidad sin apoyo de nadie más. La tutora es la gran protectora.

Pero ahora el ambiente es de tensión. La casi reclusión, la histeria de la Poderosa, que pasa el día hablando y limpiando, como la heroína de la limpieza eliminando polvos, virus y bacterias. Única e irremplazable.

Y las noticias atacando veinticuatro horas por día. Contagios, enfermos y muertes.

##########

En una actitud, antigua, entre crear y ordenar y limpiar, decidí crear.

Me llama por teléfono la administradora, está como histórica. Habla y habla, no permite interrupciones, no me da la opción de hablar ni comentar, ni comunicarme. Soy solo su locatario, no tengo ningún vínculo con ella, no tengo porque escuchar sus alegatos, sus delirios.

Ella habla, en tono imperativo. Ella tiene la razón y es así. Una especie de maremoto que corre sin medir obstáculos, claro se educó sola. No quiere oír respuestas, ni argumentos. Ella quiere ganar…necesita tener razón. Habla y habla.

El marinero que todo lo ve Me dijo que una vez andaba toda morada con golpes en la cara, como que la hubiesen golpeado. O se hubiera caído. Será que le habló a alguien así, y le respondieron a golpes. No imagino ella, la altanera. En esa situación

Es el clima del enclaustramiento…

-Hummm, ahí siento la voz, la histeria y el pensamiento de la Poderosa y su cuarentena

Está histérica.

Nunca la había visto así.

No hay argumento que escuche.

Me quedo sorprendido.

¿Es el miedo contagiándose?

Y no tenemos ningún enfermo cerca.

¿Cómo va a ser cuando haya un contagiado cercano?

¿O es su situación familiar que la tiene alterada, que la afecta?

Porque su hija que era una guagua ha crecido, su cuerpo se ha desarrollado, sus senos ya no son pechos adolescentes, su tamaño, tampoco. Y sus deseos también han cambiado. Según el ex marinero que todo lo observa. Es más viva que cualquiera. No tiene un pelo de tonta. Él, la vio besando y abrazándose lascivamente con su amiga, una joven tetrapléjica, en una afectiva relación lésbica. Son jóvenes, deformes según los cánones de normalidad, pero tienen sus deseos como todos Y la naturaleza, fuerte, busca su forma de crecer y satisfacerse. Y, ahora, su madre, descubrió que su sensualidad, dinámica, ha conquistado a quien ella no sospechaba. Y ella, la administradora vio, a su amante, el que compartía su lecho, subir las escaleras que conducían a las sábanas de la joven. Ella escuchó los sonidos de una relación sexual apasionado, los murmullos, los gemidos y los finales.

Y tuvo que quedarse en silencio oyendo. Y en silencio, tuvo que optar. O se hacía la lesa y compartía su amante, su plata, el sexo y la seguridad que le daba. O volvía a su soledad y su inconformidad pasada. Se lo ha contado por teléfono a su mejor amiga y el ex-marinero que tiene un oído excepcional y todo lo escucha, lo ha oído.

De todas maneras, las paredes de madera y adobe, de esta casona centenaria no guardan secretos. El lobo de mar está ahí, atento… No es el único, otros también han escuchado y a "sotto voce" lo han comentado.

#######

Circula el miedo que la Poderosa ha inculcado en el aire. Ella escucha noticias de otros países, ve imágenes televisivas y aumenta su susto.

Ella quiere irse a un lugar más higiénico. Esterilizado, si posible. Una clínica sería lo ideal. No tiene tanto dinero para eso.

Pero los médicos también se contagian. Y las enfermeras, también.

Ella sueña con la casona sin locatarios., solo ella. Pero fue práctica, compró un evacuador, un baño portátil, de esos de camping, solo para su uso y lo ha instalado en su cuarto.

Capítulo 8

El aislamiento que yo cumplo siguiendo la línea sueca de cuarentena, la más libre.

Un aislamiento aquí nadie cumple porque todos salen a la calle. Pero el que más pasa afuera soy yo.

Ellas son partidarios de la línea de cuarentena china, totalmente encerrados.

Se acerca el feriado largo del Primero de Mayo, Día del Trabajador, y se espera evitar que la masa de santiaguinos venga.

Hay campañas prohibiciones, controles sanitarios y todo tipo de vigilancias

La radio avisa de llamadas telefónicas recibidas denunciando la presencia de santiaguinos. De Santiago, la ciudad más grande del país, la más rica, y la más contaminada. Ellos, que siempre fueron bienvenidos a esta zona altamente turística, ahora eran temidos. Ellos que traían la plata para dinamizar el comercio local, para atiborrar la hotelería y llenar los restoranes, ahora son rechazados

.-Han llegado. Vienen por el feriado largo, a contaminar, a contagiar.

-Esa casa de veraneantes está llena.

-Hay un auto con patente de Santiago.

- Están llegando,

-Haga algo señor alcalde

-Son capitalinos…

- Toda la comuna, todos los ojos del pueblo, observando,

Es el miedo de que los habitantes de la mayor ciudad del país, y la más contaminada, esté transmitiendo los virus, transportándolos en sus autos, en su ropa, en su piel, en su saliva y en su hablar.

Esa vigilancia, me llega a recuerda los tiempos de la dictadura época que ya vivía en el extranjero, pero allá ya llegaban las noticias de lo que pasaba aquí.

-Unos vigilando a los otros.

Además, hay un video que exhibe la calle, los buses, la ropa, el aire, infectados de virus, como mosquitos. Rodeándolo todo, moviéndose, salpicándolo todo

Hay mucha gente que se cuida, no sale de casa. Cuarentena total.

Mi hermano, desde antes de que se decretase cuarentena total en su barrio, no salía a la calle.

Al máximo a la puerta de su casa.

Por suerte tienen patio.

Así que su mundo está restringido a eso, la casa, su patio, la televisión y el computador, la prima y los perros.

Su único agente con el exterior es la prima, que totalmente encapuchada va las compras al supermercado y a la perturbadora feria.

Yo salgo a la calle todos los días.

Viví la vida de la cigarra de la famosa fábula de la hormiga trabajadora y previdente, que trabajaba cuidando para la vejez y la bohemia, la cantante, imprudente y gozadora cigarra, de la fábula de La Fontaine.

Así fui yo, la cigarra..

Así que tengo que salir a ganar el pan y el vino de cada día.

Salgo a la puerta de la casa, me instalo en un sillón portátil frente a la puerta de la tienda vecina, que está cerrada por las contingencias del momento.

Expongo las obras que salen de mi mano, cobro a precio de vendedor ambulante, barato.

Y con eso pago mi pan, mi café, mis víveres y, a veces, hasta mi vino.

Si no vendo, estoy en problemas.

Tengo que economizar, economía de guerra.

Economizar con el diario, el café y cualquier superfluo.

Agua y pan, que yo mismo hago.

Y leche y sopa vitaminada para viejos que el consultorio público distribuye gratis.

Coloqué un jarrito, inquebrantable, con un letrerito:

Apoye el arte.

Hay gente que colabora.

Mucho más de lo que se piensa.

Pero no se sabe públicamente porque los actos de bondad difícilmente salen en las noticias.

Hay mucha gente que apoya, que ayuda, que cumple su función de ser humano solidario, en el mayor silencio y con absoluta discreción.

Tengo la certeza absoluta que hay más gente que colabora, coopera y construye que la que destruye.

Cualquier apuro mayor, telefoneo a mi hermano. Él que es económico, siempre fue un atesorador de su dinero, siempre abre su cerrada economía y me deposita. Un amigo me dice que es un hermano extraordinario porque no hay hermanos así. Y se sorprende de yo considerarlo normal.

El arriendo lo pago con la pensión.

Una pensión venida de los dioses altruistas, porque nunca contribuí con un peso de mis ingresos a jubilación ninguna.

De pronto, vuelvo al país, y la presidente, en su época de buena madre, saca esa ley beneficiando los viejos, todos los viejos.

Me han reclamado cuando digo que fue un regalo. Hasta me han insultado por internet.

Ahí, los elimino, son reclamos de Internet.

Conozco hasta viejas llenas de plata que la reciben.

Una, que la recibe como maná divino, después que pierde hasta el último centavo del casino.

Así es.

Todos iguales.

Capítulo 9

Ese día llego a casa al atardecer.

Mi vecino Tenorio, el ex marinero, un hombre pequeñito, que había nacido en el sur, entre las tumultuosas aguas del Golfo de Chacao. Como todo sureño, era extremamente amable.

Había pertenecido a la Armada. Había renunciado, decía. Pero una noche de ebriedad comentó que lo habían expulsado, aunque no comentó los detalles. Después se supo que, ebrio, lo habían sorprendido chupando el pene de un colega, en pleno navío. Un colega que era pareja de un mandamás. Ahí el problema. Pero se veía que aun mantenía los privilegios de casta.

Después de varios trabajos en el Club Naval, ahora era jefe de un restaurante de un Club de Gerentes.

Era eficiente.

Bueno. Resolvía los problemas, actuaba, solucionaba, remediaba. Y era fuerte, tremendamente fuerte. Lo ví subir la escalera con un mueble antiguo de gran tamaño, pesado e incómodo, sobre sus hombros. Con la facilidad con la que Caupolicán cargó su tronco para ser elegido Toqui, por las selvas mapuches, según cuenta la leyenda.

Tenía sus períodos de alcohólico. Había noches que bebía hasta caer de las escaleras. ¿Cómo no iba emborracharse si tomaba vasos de

refrigerantes llenos de pisco chileno y con dos cucharadas de refrigerante para teñir el color cristalino de la bebida?

Sexualmente era un libertino incansable.

Un don Juan bisexual, diría un antiguo. Ahora tendría otro nombre.

Un tiempo andaba con un transformista, hermoso, que medía casi dos metros.

Otras, su visita era un cincuentón, grande y fuerte, un ebrio intranquilo.

Una vez, llevó cinco personas juntas a su cuarto, a conversar, decía.

Paso su fase de ebriedad, de locuras, de sed y de variedades y se comprometió con una joven alta, mandona y celosa. También bisexual. Se cortaba el pelo por la mitad, medio cabeza el pelo largo y femenino, la otra parte, cortísimo, a lo soldado.

Ahí se tranquilizó por un tiempo

#########

Ese día llegué y pasé a saludarlo y saber de las novedades, ya él que caminaba mucho y recorría los más variados lugares y siempre estaba informado.

En su cama, tenía un montón de marcos de anteojos Más de diez. De todo tipo. Metal, plástico, transparentes.

-¿Qué es eso?

- Estaban en la calle, en el medio de la calle. Habían saqueado la óptica vecina, y, a los saqueadores, que habían sustraído tanto, se les cayó el exceso de marcos.

Miro uno, hermoso, dorado.

-Que bonitos se ven.

-Si, estaban desparramados en el suelo.

-Dame ese, le pido.

-Tómalo.

- Que bonito formato.

- Debe ser mejor que los que venden en la calla

-Se supone.

Aseguro el bello marco de anteojos y lo llevo a mi cuarto.

Lo miro, hermoso.

Ya tuve más hermosos. Pero era bello que hago

¿Es mío? Y, de pronto, me lleno de dudas…

¿Y su origen? ¿Soy saqueador? ¿Cómplice? ¿Anarquista?

¿Hasta dónde vive mi honestidad tradicional en estos tiempos de caos?

Debería devolverlo… Pero está cerrada la óptica. Y si se lo entrego a una funcionaria cuando abra., ¿será que lo entregara?

¿Será que el seguro pagará las perdidas?

Era como si ese estado de anarquía que vivíamos provocase una alteración de los valores. Si las pequeñas posesiones no tenían propiedad, todo se alteraba. Con los saqueos las cosas nuevas botadas en las calles, como si fuesen del mundo, de todos...

Era un torbellino vivir en ese lugar en esos días.

Amanecen, en las mañanas, pequeños despojos de los saqueos.

Ganchos, cenizas, restos de ropas.

Capítulo 10

Pero las masas protestantes están atentas. O por lo menos, sus organizadores.

Un diario publicó una frase de una señora, habitante de un rico balneario cercano, Reñaca, que dijo:

-Este es un oasis de calma.

Al domingo siguiente la localidad fue invadida, apedreada y violentada.

En buses normales llegaban llenos de manifestantes de los más diferentes lugares de Valparaíso. Se juntaron en el centro, junto a la playa, y de ahí salieron, gritando, con los tambores, los sonoros repiques y el penetrante sonido del metal de las tapas de las ollas.

Marcharon apedreando, incendiando, destruyendo y cantando como podían.

El más vistoso restaurante de la ciudad, alto y atrayente tuvo sus grandes vitrales totalmente quebradas, fue destruido, robado, arrasado. El dueño vivía en el segundo piso, alcanzó a arrancar con su familia dejando el inmueble al saqueo.

Y las masas cuando se cansaron de las protestas, del vandalismo y de los saqueos, se retiraron, masivamente a sus hogares

Capítulo 11

Un día, en Valparaíso, después de la medianoche, cuando se acababan los saqueos, los gritos y las sirenas, salimos a la calle, con don Tenorio.

A esa hora solo estaban los bomberos, los investigadores, algunos dueños de las tiendas saqueadas y los moradores cercanos.

Era cómo un hubiese pasado un vendaval, como si hubiese sido bombardeado el lugar, o hubiese habido un maremoto seco.

Había sucedido después que los uniformados se retiraron y aparecieron los " homo sacer", el habitante del lugar donde la ley no tiene vigencia, y sacaron los cajeros del Banco de Chile, los cajeros automáticos, de más de dos metros de altura, de metal, pesados, de cientos de kilos, de su lugar. Los habían llevado en medio de la calle, derrumbados, y los habían quemado No uno, todos. Eran más de cuatro.

Y al lado las máquinas de juego del casino del oriental, todas de metales pesados, quemadas, destruidas y deformadas.

También en medio de la calle, se veían las cortinas de los negocios arrugados como cartón por la invasión, con chuzos, fierros y patadas. La humareda que salía dentro de los locales saqueados, con mayor o menor fuerza.

Parecía que había acontecido un bombardeo. ¿O una batalla? O una invasión, porque solo un lado actuaba, el otro estaba inerte, los locales sin gente, las máquinas inactivas, la policía, ausente.

Era desolador.

Los propietarios recorriendo los locales en silencio. ¿Cuántos eran esos?

Veíamos las calles plomas por los incendios, las basuras y los destrozos y parecían las fotos de las casas bombardeadas en Siria.

Esa basura toda la municipalidad la limpiaba de madrugada y, en la mañana, las calles estaban maquilladas, limpias y transitables. Y en los micrófonos era el mismo alcalde que mandaba la municipalidad apoyando las protestas y, naturalmente, la violencia.

Algunos propietarios entregaron sus locales. Otros trataron de mantenerlos. Las vendas disminuyeron o se fueron a cero.

La tal frase: Vivíamos un paraíso y no sabíamos, brotaba de la boca de algunos comerciantes.

Otras:

-Quien bailo, bailó.

-Quien no, va a tener que aprender el nuevo ritmo.

El vecino cordobés, continuó, pagando su arriendo millonario, con el local cerrado. Por un cierto tiempo. Eso sumado a las pérdidas poderosas que tuvo con el saqueo.

-Mis hijos me ayudaron financieramente. ¿ Qué hago? N**o sé hacer otra cosa. Había un desánimo en su actitud.** Solo se comprar y vender…

-Esperaba montar una página web que demoraba.

La armería que tenía filiales en todo el ´país, cerró.

Muchos locales del centro también cerraron.

La tienda homeopática quiso reprogramar su arriendo y no fue posible.

El arriendo era millonario. O sea que el propietario no estaba ni ahí con el presente, valorizaba su inversión. No creía en el poder de la revuelta.

############

En voz baja, un viejo croata, radicado en Punta Arenas, me dice:

-En mi tierra la revolución comenzó así, como lo que está aconteciendo aquí y fue creciendo de poco.

Imagina una revolución como la rusa que acabó con la propiedad privada….

Tal vez imposible ahora con tanto pacto, préstamo e tratados internacionales. Los chinos invirtiendo en países capitalistas y en la banca mundial, los rusos dejando el comunismo en el pasado. ¿O no?

Y, al final, cuando se acabaron las protestas, todo parecía igual, hasta ahora.

Se creó, brotó de la nada, la posibilidad de una nueva constitución, escrita por chilenos votados por el pueblo y que sería la nueva constitución legítima y popular. Había en ese simple palabrear algo de humo, pero calmó las protestas y apareció la esperanza, la fantástica, dinámica y adaptadora esperanza.

Pero a río revuelto, ganancia de pescadores, decía el viejo refrán. Se comentaba a "sotto voce" que los más alegres vencedores eras los onunistas, que, desde su central en Nueva York y a través de una diabólica funcionaria, manipulaba hilos titiriteros

Capítulo 12

Mi compañero de calle, de ventas y de espacio, mi vecino Ricardo, el mendigo, vende pañuelos desechables.

Ha progresado. Antes vendía parche curitas y, en un comienzo solo pedía limosnas. Tiene más de cuarenta años, un aspecto comúnmente serio, con una leve barba,

Sentado casi a ras del suelo un pequeño banco, parece un "moai", esas esculturas enigmáticas, hieráticas y serenas de la Isla de Pascua.

De noche duerme cerca de la puerta del hospital.

Son varios los que duermen ahí. Son más o menos unos veinte, sin casa, que pernoctan ahí. En realidad, es un número variable. Dependía de la época, del frío y de la lluvia.

Se cuidan entre ellos. Y también intercambian tragos, se trampean, se engañan, se pelean. Beben incansablemente, sin parar. Parece que solo se detienen cuando están durmiendo. Tienen un stock que parece inagotable de tragos. Botellas que aparecen, se agotan y reaparecen llenas. Ingieren hasta que los sentidos se alteran, la visión se modifica, la percepción de lo cotidiano y la voz adquiere otro tono. Otras realidades aparecen, surgen nuevas sensaciones de las situaciones, una alteración, una distorsión de los objetos observados, de la situación vivida. Las modificaciones en la voz son las primeras en aparecer, alteraciones en el equilibrio, después. Y posteriormente transformaciones en todos los sentidos. Ebrios. Duermen en grupos. O aislados. Pero todos cercanos. Algunos tienen colchones. Otros han armado pequeños rucos, minúsculos albergues construidos con cartones, mantas, plásticos. El alemán, uno de ellos, tiene un pequeño ruco, artesanal, que tiene un techo provisorio para la lluvia. No es alemán, es penquista, del sur. Le dicen así por su blancura, la buena pinta, que aún le queda y su liderazgo. Él es el que más bebe, bebe, sin parar y demora a desmayarse. Los otros caen, sobre el césped de la plaza, los bancos o en cualquier lugar, y duermen. El sigue actuando, agitando. No le falta un trago. Nunca. Cuando hay dinero, cerveza. En los momentos de escasa economía, un extraño brebaje aparece. Whisky con miel, dice la etiqueta que le pone el fabricante. Es la bebida alcohólica más barata que hay. Similares a otras que llevan por nombre ron y coñac. Son altamente alcohólicas. Y consumidas por los alcoholatras callejeros de todo el país. Siempre consigue dinero. Pide, vende pañuelitos de papel o roba en las grandes tiendas. Ahí, en el dormitorio que se arma todas las noches no hay medidas antivirales, todos se tocan, se amontonan y, en momentos, el alemán, afectivo, los besa, en público. Después, en la somnolencia, también.

Antes de dormir, o en las horas de los tragos vespertinos, ven los camiones de la morgue entrar a descargar cadáveres. Es como un hecho cotidiano, nadie piensa en eso. Solo en sus necesidades. Beber, fumar. culiar. A veces comer. El baño, usaban los públicos del hospital.

Pero son como inmunes, la otra noche, se mojaron con la lluvia torrencial, los paraguas, las colchas y los plásticos protectores no sirvieron. La fuerte lluvia, el viento casi huracanado hizo su trabajo. Todos se empaparon. Nadie se resfrío. Al día siguiente, todos secos, activos, saludables…

En la mañana y en la tarde las damas del Hogar de Cristo les llevan café, almuerzo preparado, alcohol gel, agua envasada y postres. Todo de primera calidad y muy bien envasado. Lo sé porque a mi vecino le sobra y me convida. Unos postres deliciosos, hechos con frutas naturales, sin azúcar y en envases sellados

De día, mi vecino sale con todas sus pertenencias en dos bolsas y su frazada, como un lento caracol

Carga su casa

También trabaja, como yo, todos los días.

Sentado sobre el suelo, la piel maltratada por el sol y el baño sin jabón en la playa de Caleta Abarca. No todos los días se bañaba. Él y su grupo no seguían ninguna regla de la cuarentena. Ninguna medida de higiene. La famosa pandemia pasaba como por el lado de ellos, Y como no tenían ni radio, ni televisión, no escuchaban las noticias aterradoras que ahí se divulgaban.

Antes trabajaba en la construcción, ahora no hay pega.

Con lo que recauda, bebe. A veces, refuerza su almuerzo. Café y un sándwich de pan y tomates.

En el resto, Dios dará.

#########

Por ahí pasa también viene Mario.

Se ve más joven al pasar. Debe tener unos cuarenta años, el rostro hermoso, preciso, tallado, los trazos bien definidos.

Vende papel higiénico, el mismo que se acabó en los supermercados en los momentos de aviso de pandemia

Están ahí, más baratos, sobre la silla de ruedas, que, con la fuerza de las manos, recorre la calle Carlos Condell, la Plaza Victoria, todo el centro de Valparaíso. Se detiene en algún punto y retorna. Su pose, su actitud de escultura funciona, ahí, del pene para arriba. La energía sexual es la que lo salva y lo energiza. Abajo, sus piernas caen lánguidas, desvanecidas, inertes, del asiento de la silla- Inexistentes. Desde los veinticinco años que usa esa silla.

- Uso bastones también, y se pone tartamudo cuando nervioso. Y se explica y no se entiende. El problema no es solo físico. Pero trabaja de lunes a Sábado y sobrevive.

Capítulo 13

Ahí se detuvo un joven rubio y de blancura extrema.

No es difícil los rubios en este Valparaíso moreno.

Hubo una gran emigración extranjera europea y blanca en el pasado reciente, se sumaron a los españoles, los ingleses en gran cantidad, los suecos, noruegos, franceses y un gran número de italianos.

Muchos venían del tiempo en el que era puerto principal, cuando aún no existía el canal de Panamá que acortó la navegación del Atlántico al Pacífico, y los barcos, después de cruzar el temible canal de Magallanes, llegaban al magnífico puerto. La Perla del Pacífico, la llamaban. Bajaban, la tierra firme los bares, un animado, espejado y decorado sector de cabaret y putas. Algunos continuaban en las fiestas, perdían el navío.
Se quedaban y terminaban constituyendo familia.

Bien, en medio de este caos social y esa cuarentena, actos que, en menor número, continúan hasta ahora, este joven, del interior de la quinta región, más allá de Puchuncavi. Tiene un problema en su casa, un altercado con su padrastro. Una pelea violenta. Más joven, lucha y gana la pelea, lo maltrata. Eso, según lo que el narraba, mal explicado

No siempre el que gana, gana.

Él, que había quedado desempleado, como consecuencia de la crisis de la construcción por la pandemia, fue expulsado de la casa.

Sus vicios, sus mañas, su alcoholismo, su mitomanía, la irresponsabilidad solo podían ser aceptados sin pobreza. La contribución económica era importante, sin ella, se abría otra realidad. Nunca quedó bien claro el porqué de su expulsión. Tenía que haber pasado algo muy serio. Expulsarlo de la casa donde había vivido toda su vida. Con el tiempo se sabría que, con él, nunca nada sería muy claro, muy nítido. Nunca. ¿Cuál era la real relación con su padrastro?

Así. salió del interior, un pueblo pequeño con su mochila nueva, sus ropas seleccionadas y se viene al puerto principal. Un provinciano, perdido en Valparaíso. Llega a la plaza Italia, en pleno centro del puerto. Cansado se queda dormido en un banco de la arbolada plaza.

Los pillos que pululan en esos sectores vieron ese rubio, con mochilas y, rápidos, le arrebataron su mochila, su plata y sus documentos.

En medio de la susodicha pandemia, solo, sin casa, sin documentos, terminó conociendo a Ricardo, el alcohólico mendigo, mi vecino. Bebiendo, bebieron. Compartieron un trago, otro. El mendigo conoció la historia, el drama, o la novela, y la situación actual del rubio. Más trago. Altamente embriagados los dos. Fue invitado a dormir, en el ruco, en el sector del hospital, Ahí. Compartieron la frazada, la borrachera. Así, el mendigo descubrió la oculta intimidad, uno de los secretos del joven, ebrio, el rubio entregó su cuerpo y su rosado ano, ardorosamente, al compañero.

Y se sumó a los habitantes de la puerta del hospital. El indigente no gasta en comida, solo en trago. El rubio vive con hambre, no recibe un peso, ni comida, solo alcohol le da el mendigo. Y pene. Todas las noches. Los tres primeros días pasó realmente hambre. Justamente esos días las damas del Hogar de Cristo no pasaron. Ellas llevaban la comida cotidiana. Hasta en el basurero revolvía por si había un resto de comida. En un proceso de autodestrucción, que, aparentemente lo embellece. Hermoso, delgado, amanece después de las borracheras, de la noche de sexo y excesos, sublime como un ángel, a nacer a una nueva realidad.

Lo llamé para diseñarlo y el diseño quedo glorioso, Me enamoré de ese mi diseño. La mezcla de satisfacción sexual, de hambre y ese ansioso deseo de comer insatisfecho, lo trasformaban y le daban una expresión hermosa, un cierto desespero angelical a su rostro y aclaraba y brillaban más sus ojos azules y su piel, blanca y suave resplandecía. La belleza es un milagro de la naturaleza. Aparece a veces rápida, otras, con cierta lentitud, pero siempre pasa.

.

Le invito para pintarle un cuadro arriba, en mi taller. Me mira con desconfianza de quien tiene secretos a esconder.

-Soy tímido, me dice. Después que me acostumbro, no hay problema.

Nunca más posó para mí.

Capítulo 14

Ahora anda con sus energías de joven transitando por las cercanías, y, acostumbrándose en los submundos de los alcohólicos, los sin plata y sin casa. Los casi sin nada.

En las mañanas cuando llega sobrio, dice en voz alta: Soy hombre, me gustan las mujeres y mira a todas las que pasan, desnudándolas con su mirar.

Mi vecino, el mendigo, observa, irónico, esos comentarios y algo balbucea. En esos días él lo había conocido bien

-No le creo nada, me dice.

Y él ya sabe que tiene varias personalidades, bipolar es poco para definirlo. Multipolar, polipolar sería cercano. Sobrio es un macho total, adora las mujeres y las ama espiritual y físicamente. Tan macho que, si está en sobriedad y le hablan de sus momentos gay, agrede. A golpes, a combos. Porque solo cuando está sin mujeres y ebrio, cuando está cagado de borracho, recuerda sus borracheras con caipiriña en el Brasil y los momentos vividos con un mulato apasionado, viciado en el peligroso transformar machos en bisexuales, entre tragos, drogas y seducciones, y le brota un gay que solo quiere ser pasivo. Eso, con certeza lo debe haberlo alejado de los admiradores gay que buscaban otras variedades sexuales o un macho. Él era macho solo para las mujeres. Incansablemente.

El mendigo, su amante, ya recibió unas cachetadas, por equivocarse, y acariciarle el poto en un momento de sobriedad.

Consigue una habitación, una mujer se la ofrece. A la semana, la pierde. Cuando llegó, todos lo apoyaban, porque en sus momentos sobrios, se ve educado, limpio, hasta servicial y caballero. ¿Cuál es la debilidad? En realidad, su apariencia era buena, su aspecto, bien cuidado. Sus dientes eran perfectos, como consecuencia, su sonriso era hermoso. Su hablar era bien cuidado, no decía garabatos y modulaba bien. ¿Qué le exigían? ¿Qué pasaba? La voz del pueblo decía que, en realidad, esas apariencias engañaban. Que él venía de un lugar humilde y su educación era como la ley de la selva. Elevaba la voz con facilidad y gritaba en los momentos inoportunos. Tenía costumbres que algunos odiaban. Pedía dinero prestado que nunca pagaba. Creaba realidades que no existían. Era un mitómano. Y cuando, en las noches, lo veían desfigurado por el alcohol, le perdían toda la confianza. También decían que le gustaba pelear, que era rosquero.

Y llega una noticia vaga, un rumor.

El rubio que, ahora, de día estacionaba y lavaba automóviles, bajo la protección de algunos comerciantes de la calle, ha sido detenido.

Dicen, vagamente que tal vez estaba comprando drogas. ¿Marihuana? ¿Pasta base? ¿Si Valparaíso parece una gran chimenea? Decenas y decenas compran estupefacientes todos los días. O se legaliza, decía Juan Pablo, y se distribuye ese inmenso lucro que genera. O se prohíbe con medidas extremas, o se castiga como lo hacen los chinos. Seis días de detención, dicen los compañeros que conocen el asunto, mientras llega ante el juez, seis días para ser juzgado.

Extraño. Seis días detenido con delincuentes profesionales, va a salir aprendiz de bandido, iniciado en la delincuencia o, tal vez, sodomizado. Extraña la detención en este momento anárquico.

En realidad, nadie sabe concretamente nada.

Los compañeros, los que compartían el dormitorio de nómades instalado en la vereda del hospital, lo vieron de lejos.

Y lo vieron subir al vehículo policial.

¿Será que fue un desacato a la autoridad?

¿O será que su buena pinta le jugó en contra?

¿Se negó a ir preso?

##########

Hay muchas historias sobre esa primera vez en la cárcel, un amigo me contó lo que él dice que vio. ¿O vivió? Yo siempre tuve la impresión de que le había pasado a ese, mi amigo, por la vehemencia que narraba, que era experiencia propia.

- Cuando se es novato y se llega a ese cuarto cerrado con seis, diez o hasta veinte truhanes, comúnmente experimentados, con varias pasadas en la cárcel es asustador. Ahí, sin mujer, llega un miembro, joven, rosado, inexperiente, con cara de huevón, se acerca el jefe, el líder del grupo, el mayor, el más pillo, y después le dice algo así,

-O yo, por la buena, o de todos.

Si el recién llegado es macho y se mete a choro, todos. Uno por uno pasa por su ano. Los otros lo afirman, le aseguran los brazos, las piernas. Si el violado grita mucho, se simula una pelea bulliciosa, un desorden sonoro y nadie de afuera parece percibir.

En realidad, todos saben lo que pasa…

Pero no les interesa

##########

Pero no fueron seis días de detención, fue uno.

Una noche y un solo día.

Al día siguiente aparece el rubio.

Los colegas lo interrogaron.

Respuestas vagas.

Lo bromearon.

Dicen que es un mentiroso antiguo.

No salió la verdad, varias versiones.

Nada definido.

Todas las respuestas vagas

Su realidad de mitómano salió a la luz.

Solo lo que se notó que apareció con ganas de trabajar.

Y parece que no muy contento con la experiencia. Pero de la realidad no se supo nada.

Él era un cuentero experto, contaba sus mentiras como un novelista imaginativo, tenían secuencia, trama y hasta capítulos. Pero de la realidad, nada o poco.

Ya tenía una nueva identificación, un nuevo carnet substituyendo aquel que había comentado que le habían robado, con el asalto, y antes lo limitaba. Para conseguir un trabajo normal.

Capítulo 15

En la calle uso una mascarilla, regalo de la vecina, la Poderosa, que me vigila, previdente.

Y me quedo acomodado, sentado en un sillón portátil, mirando, los transeúntes, mientras expongo mis pinturas a la venta, en la puerta de la casa.

##########

Y los perros. Los perros en el centro de Valparaíso son muchos, se comportan como gente. Caminan entre los transeúntes, normalmente. Cruzan las calles. A veces, cuando les gusta un grupo, se unen, y participan, meneando su cola, como uno más del montón. Algunos andan junto a los carabineros, marchando al lado de ellos, sin ser uniformados. Todos hacen su fiesta en las protestas y en las marchas, ladrando, saltando y haciendo la mayor bulla posible.

#########

Hay una gran cantidad de porteños pequeñitos. Algunas mujeres tamaño-enanas. ¿ Será que fue hambre en su primera infancia?

Y unos jóvenes gigantescos.

Algunos atléticos. No muchos...

Y todo tipo de gordos. Niños, mujeres, jóvenes gorditos y algunos caricaturescos, inmensamente obesos. Algunas mujeres, elefantiásicas, con pantalones ajustadísimos incrustándose entre las nalgas, eróticamente.

Entre ellos, los transeúntes, destacándose aparecía, un señor. No era muy alto y cuidaba sus trajes, trataba de ser bien vestido. Era delgado y se distinguía por su caminar. Había una armonía atlética en los movimientos de su cuerpo muy erecto, muy bien parado. Parecía un maniquí. Un día, que vino a hacer una consulta lo conocí. Después comenzamos a saludarnos y de ahí, a conversar. Él tenía sus años, le faltaban pocos para tener mi edad. Un veterano que parecía joven, ayudado por un teñido que le disfrazaba las canas y la transformaba en un tono castaño entre oscuro y rojizo. Pero tenía un vicio: hacía gimnasia. Estaba viciado en eso y en el placer casi orgásmico que esa rutina cotidiana le daba. Por eso tenía un cuerpo de gimnasta.

Venía a conversar todos los días conmigo y llegué a pensar que el acercarse para consultar sobre arriendos en el predio que yo vivía, fue una disculpa para acercarse.

Comenzó a contarme su vida, como muchos, que deben encontrarme un buen auditor y me cuentan hasta los más profundos de sus secretos. Se había casado tres veces. Dos veces oficialmente, siempre coloridas.

Coloridas le llamaba a las mujeres de ojos claros. Le gustaban, hacían parte de su vida. Se había iniciado a los once años, con una experimentada vecina de doce, rubia, colorida, descendiente de españoles. Había sido la promotora. Ella le había pedido para bañarse juntos. Llenaron la tina de agua caliente y, ahí, entre jabones y burbujas él perdió su virginidad y se inició en el mundo del sexo. Maravillosa experiencia, exclama. Las experiencias infantiles, decía, son las mejores y son las inolvidables, te acompañan toda la vida.

El primer casamiento fue excelente mientras duró. No quería casarse. No había pensado en eso hasta que se casó. Tenían relaciones sexuales felices. No necesitaba casarse. pero se comprometió, Tiempo después, ya enlazado y viviendo en la casa familiar, su joven cuñada se sentó frente a él. Estaban solos. El la miró, observó de reojo sus piernas, y vio que estaba con unos calzones color marengo. De pronto, miró mejor y notó que estaba sin calzones, la joven estaba sin ropa interior, desnuda. Luego de un momento, ella estaba sentada a su lado. Ella levantó su mano y le acarició las piernas. Y continuó. Ella tenía quince años y estaba decidida a ser su amante. Fueron. Todos los días se repitieron esas relaciones. Más tarde llegaba su esposa y todo bien, continuaba con ella.

Un día, en el que el horario se había ultrapasado sintió un portazo. Al tiro se vistieron. El creía que todas las mujeres de la casa sabían de la relación y nadie decía nada. Al tiempo, se añadió la otra hermana y tenía relaciones con todas, en horarios alternados y nadie decía nada. Él tenía certeza que todas estaban al tanto y todo corría normalmente.

El tercer casamiento no fue tan simpático, después del ciclo, Entusiasmo, ardor, felicidad y cansancio, le dejó su gran departamento, con vista al mar, con la condición de no pagar pensión, y se vino a arrendar una pieza en una casa vecina a la mía, con el temor siempre presente, como ingeniero que era, que con un terremoto de siete grados o mayor, el edificio, centenario, se derrumbara.

Transitaba así su vida, ahora solitario, cuando, en el Congreso Nacional, donde realizaba un trabajo, una funcionaria, lo invitó a una charla. Fue. En la conferencia había bastante gente, el se puso a conversar con la joven que lo había invitado y con otra que conoció en la hora. Al final, se retiró con la otra. Grande fue su sorpresa, cuando al llega al día siguiente al congreso, no pudo entrar. La funcionaria que lo había invitado, lo había denunciado por acoso. Como si se hubiese transformado en un incubo y ella, una dama medieval, poseída. Demoró unos días para aclarar ese extraño mal entendido. Pero lo dejó atento...Y más amigo quedó de su mano para usarla en los momentos de deseo. Se transformó en un onanista, un masturbador.

Practicaba deportes, gimnasia. Comenzó a hacerlo regularmente, en forma militarizada, con horarios puntuales como eran los chilenos antiguamente. En realidad, lo hizo y hacía hasta que logró transformar su cuerpo, modificarlo hasta tener músculos desarrollados, un cuerpo atlético, de esos que la mayoría de no tiene.

Hacía gimnasia hasta sentir un placer casi sensual.

-"Sí", me decía Jota, "yo también lo siento"'." Y, en realidad llegué una vez al orgasmo haciendo gimnasia. Era una noche que había corrido por los campos de Villa Alemana, al llegar cerca de casa, se 'detuvo junto a unas barras de ejercicios que habían instalado en la plaza vecina. Comencé haciendo ejercicio brazales, izando mi cuerpo, al ritmo de la respiración. Estaba cansado, ahí continué levantando las piernas, flexionándola s, levantándolas. De pronto, comencé a sentir un aumento en el placer que estaba sintiendo. Aumenté el ritmo de los ejercicios y, de pronto, eyaculé y me moje los pantalones, feliz."

##########

Sentado, veo las personas de otro ángulo y los tamaños se ven bajo otra perspectiva, desde abajo.

Por ahí pasa Flor en la belleza juvenil de sus dieciocho años, su piel morena suave decorado por un alegre tono rojo anaranjado que le había dado a sus cabellos, Vivía con su tía, una señora muy simpática, cincuentona, muy bien conservada, que compartía su departamento con tres sobrinos. Había vivido una vida sexual liberada, feliz, y había optado por su soltería. Le había dicho "no" a los pretendientes que querían ser permanentes. Se mantenía tranquila equilibrando su pensión de profesora y sus sobrinos.

Flor tenía una pareja, un joven deportista, entusiasta del skate que trabajaba en una gráfica.

-Vive sin dinero, decía ella. Lo gasta todo en marihuana,

Generalmente dormía con él, juntos, en un pequeño cuarto.

Como vivía con el dinero contado, el viejo vendedor de almuerzo, le regalaba una colación, casi todos los días. El viejo la encontraba maravillosa.

- Me quiso dar un beso, me dice un día entre sorprendida y asustada
- ¿Qué tiene? Si es en la mejilla, le dije amoral
- Pero es un viejo…
- Pero te quiere y te alimenta.

Ahí, ella, comenzó a almorzar todos los días.

Un día, llega indignada y celosa, su enamorado, su pareja, su amor que creía eterno, le había propuesto libertad. Le había sugerido que quería continuar con ella, pero también acostarse con otras…Esa propuesta que no aceptó había revolucionado su seguro mundo.

Y entre celos, peleas, separaciones, los días y las semanas pasando, quedó todo más o menos igual aunque su belleza juvenil cambió, sus rostro perdió esa gracia espontanea que tenía antiguamente y, con el pasar de los meses, su cuerpo se fue enanchando y sus nalgas, creciendo y cayendo.

Cambió el alegre color de su cabello, la sonrisa continua en su rostro, pero perdió su espontaneidad, y siguió con su pareja, pero no se veía su alegría juvenil.

Ahora estaba preocupada en una toma, habían ocupado unos metros cuadrados en una invasión, una toma, una invasión ilegal, junto a otras centenas de pobladores sin casa y estaban construyendo. Una inmensa cantidad de extranjeros, los haitianos en masa. Un robo, decían los propietarios, Una tradición decían los líderes de los invasores.

Capítulo 16

Con el pelo cano, largo, y la barba cubriéndole medio rostro, el anciano pasa tranquilo, sentado en la puerta de su casa, esperando sus clientes, los amigos, la gente hermosa. El vende pequeñas pinturas, colibríes, ángeles rostros y calaveras. Él sonríe y saluda a todo el mundo. Lo que el público no sabe es que el viejo saluda, pero no se acuerda a quien. Saluda porque saluda. Su memoria se esfuma y todo le parece nuevo. Los rostros, las personas, los libros, las películas.

Capítulo 17

Valparaíso no ha sido declarado en cuarentena. Se escuchaban los rumores, noticias de afuera, de otros países y por internet de la epidemia. Cercano, todavía nadie.

¿Qué es una cuarentena en este dos mil y veinte? Siglo de las comunicaciones, de la modernidad, de la que todo se sabe. Del dominio del internet. ¿Y quién manda el internet? ‘, se preguntaba el pueblo.

Solo tenemos toque de queda, en la noche, para inhibir los bohemios que fácilmente se descontrolan, toman unos tragos y se olvidan de los dos metros de distancia que el gobierno, a pedido de los mandones del mundo, recomienda para no contagiarse. Mas otros tragos y comienzan a toquetearse, siendo que la recomendación es no tocarse. Y en los últimos sorbos ya se olvidan de la buena familia, de las recomendaciones y de los severos castigos, y se abren los marruecos a lo que venga, algunas mujeres comienzan a mostrar las tetas y a levantarse los vestidos y puede acontecer una liberal, o libertina, celebración.

También, y, principalmente, el toque servía para detener esa masiva ola de protestos que invadía la ciudad.

Por ahí anda Benedicto, el Bene, con la cara morada de tanto beber, llorando, literalmente, por la mujer que lo sacó, en parte, del mariconaje, de la borrachera y la drogadicción. Todo bien, pero ahora, cuando se enojaba, se iba con su hijo y lo abandonaba.

Cansado del encierro, de la suegra que no sale de la casa, que además es la dueña de la propiedad, y, se queja, que no podía culear con la esposa porque el departamento era chico y la suegra escuchaba todo.

Era una situación molesta.

Había salido a tomar aire, ver los horizontes, los conocidos y ver lo que sucedía.

Tenía un moreno suave que se tornaba color remolacha cuando bebía. Su altura, media de chileno, un metro y sesenta, las espaldas anchas, aunque no eran espaldas de gimnasta, cintura no tenía, se prolongaba el ancho de su cuerpo hasta sus piernas. Con la edad se había enanchado y con la cerveza, engordado. Su cuerpo ahora parecía un ladrillo con guata. Era fuerte, incansable. Alegre y dicharachero, respondía con un buen humor, espontaneo, o un chiste, a cualquier situación. Y era sonoro, lo que hablaba se escuchaba a metros de distancia, era un comunicador natural.

Su cuerpo y su figura eran característicos de esta parte de la región. O de este sector de Chile. Si uno ve una foto de una familia de aquí y una familia mapuche, pehuenche o huilliche, son parecidos, tienen características bastantes, físicas, corporales y fisiognómicas. El pueblo diría que son iguales. Solo que los mapuches eran comprometidos con su cultura, y sus raíces, sus vestimentas, adornos y joyas típicas y características. Y, con certeza, no venderían sus ríos ni su aire.

Lavaba autos, el trabajo más práctico para quien llevaba una vida desordenada. Claro, que había lugares que eran mejores, con más automóviles, y disputados, peleados. Los cuidaba el guardián municipal, el oficial. Cuando estaba era algo así como socios y amigos. Como era comunicativo y amable tenía una buena relación con los comerciantes locales que estacionaban ahí sus vehículos, en ese lugar, y los clientes, la mayoría, frecuentes.

Fue a beber y a drogarse un poco. Un poco, es una forma de decir.

Ebrio, continuó su camino.

-“A lanzarse”. El decía. “Voy a lanzarme”. Eso significaba beber sin parar, con sed incontenible, drogarse con lo que apareciese y, si acontecer, también tener sexo con quien surgiese y donde fuese.

Curado como una tagua, se fue a la casa de su antiguo amante, un flaco, esquelético de tanta pasta base, el Esqueleto.

Pertenecía a la categoría de compatriotas que viajó y, en el extranjero ganó y junto dinero. A la vuelta compró seis casitas pequeñas, en un cerro cerca del puerto, perdidas en el medio de unos árboles. Habitaba´ una y arrendaba las otras.

En ese rancho, vivió un largo período con Benedicto. Eran pareja.

Pasta base y trago, veinticuatro horas por día.

Benedicto venia al centro a su trabajo que también era una de sus diversiones. Lavar autos, sonriso fácil, la talla de porteño a flor de labio, la carcajada sonora el hablar ruidoso, luego tenía su clientela fácil.

Un día, el mirar de una joven lo cercó, lo tentó y lo conquistó.

- Es la cosa más rica del mundo, exclamaba, después.

Y se cansó de la pasta, abandonó al Esqueleto, la casita arriba del morro y se quedó con la moza que luego le dio un hijo. Y él le llevaba casi todo el dinero que ganaba. Abobado con el heredero.

Pero cuando peleaban, discutían, y ella volvía a la casa de su madre, con el retoño. Enojado, el retornaba a su vida gay, sus bebederas y sus noches interminables.

Ahí, siempre atento, estaba la espera, otro de sus examantes, el Negro, le decían. Tenía apariencia de hombre, parecía un macho agresivo, pero era más maricón que un travesti, según la voz del pueblo. Hasta un hijo tenía, pero era totalmente gay. Según Bene, era un profesional en eso de mamar, era el mejor chupador de pene de Valparaíso y un entusiasta, al momento de ser pasivo. Claro, me contaba Bene cuando había tomado unos tragos Era vuelta y vuelta. O sea los dos se chupaban y los dos se comían, en un intercambio total. Y el asunto tomaba ribetes sado masoquistas, cuando le tocaba a él, ya que Bene comenzó a sufrir de hemorroides y cuando el negro lo penetraba, sufría, lloraba y gritaba. Debe haber sido harto escandaloso, Bene era para todo exagerado y porque al entrar al hotel parejero donde cometían sus relaciones, la dueña les decía; no hagan mucha batahola, por favor.

Todo terminó, después de años de convivencia, cuando una tarde, en un exceso de entusiasmo, en el momento de ser penetrado, el negro soltó sus excrementos sobre el pene de su compañero, Bene, con un olor nauseabundo en su pico, repulsivo, que casi lo hizo vomitar. Así se acabó la larga relación.

Y después que Bene me contaba sus aventuras a los gritos, se despedía, entrecerrando los ojos, diciéndome;

-UN día te lo voy a chupar.

##########

Borracho como una tagua, subió el cerro, llegando a la casa de la antiguo pareja el que ya estaba con otro, el Negro. El anteriormente íntimo de Bene que también tenía un historial de amantes, amores y aventuras tamaño de un cerro.

Golpea la puerta, Ebrio y llorando sus penas de amor.

Capitoneado por el substituto, el Negro, picado y vengativo, no le fue abierta la puerta, no lo dejaron entrar.

#########

También, el Esqueleto tenía memoria, tenía anotaditas en su memoria experiencias extremas con Bene, Se acuerda de una noche, como esa que llega embriagado y sonriente. El, el Esqueleto estaba acompañado de una nueva conquista, un moreno cuarentón.

Le abre la puerta, en seguida de los saludos, rápido como un rayo, Benedicto mete la mano al bolsillo y le dice:

- Anda a comprar un vino.

Adquirir un vino desde ese cerro perdido y poco habitado era una tarea. El Esqueleto salió a comprar el trago, confiado, cuando volvió, Benedito estaba en la cama, en pelotas, con el moreno ya satisfecho y con una expresión que era una mezcla de felicidad y lujuria realizada.

########

Ahora no le abrieron la puerta. El negro, rencoroso, capitaneaba el rechazo.

Volvió Bene al pequeño departamento.

Y no había nadie.

Nuevamente su esposa lo había abandonado, ahora con su hijo y la suegra.

Pero el Esqueleto no olvido con facilidad esa visita y salió a la calle, con el odio del humillado, del pasado para tras, del corneado, y se acercó a los cercanos de Benedicto, a contarles, al oído, persona a persona, la dolorosa traición de su ex amigo.

-Contaba, detalle por detalle cómo había metido la mano al bolsillo, sacado el dinero para el vino my el inesperado final. Las ha recorrido todas, decía y después de contar la traición reciente, agregaba.

-Cuando el cine Condell exhibía filmes de putería. Él era frecuentador de la galería. Aún tiene clientes de esa época. Se prostituía. Hasta ahora, lo llaman por teléfono, el sale y vuelve con dinero. Maldito. Era joven y hermoso en ese tiempo. Y el rencor con que contaba esas historias no conseguía esconder lo picado que estaba.

Capítulo 18

Y otro vecino de la calle Condell pasaba por ahí,

- TocTocToc, era el sonoro ruido que su bastón hacía al batir la acera.

Es un no vidente joven. Aparece a veces guiado por su novia, también joven, de buen cuerpo y rostro sin pintar. Otras, deambula solo.

Ni siempre había sido ciego.

Hace unos años que fue perdiendo la vista poco a poco y ahora estaba ciego.

Caminaba por las calles y pedía dinero, circulando.

Todos los días.

A veces, choca.

-Cuidado con caerte arriba de mí, le digo

-No, estoy atento

-Yo, también

-Creo que algunas señoras les gusta que las choque, las toque y le pida disculpas.

- Jajaja.

- ¿Cómo está el negocio?

- Malo. Hay días que voy a los cerros de Valparaíso a pedir casa por casa.

Trato de imaginar ese personaje sin visión marchando por las laderas surrealistas de ese puerto creativo. Imagino que la novia lo acompaña en esas excursiones montañesas.

Y se aleja.

Toc toc toc

########

Ahora pasa Fanny, la profesora, antigua estudiante de los tiempos de la Universidad de Chile, en el mítico pedagógico. Originaria de

Chillán, una ciudad en esos tiempos tranquila, del sur de Chile. Era alta, blanca y tranquila. Eternamente gordita. Se formó como profesora de castellano. Y durante toda su vida dio clases. Se casó con un hombre pequeñito que debe haber nadado, braceado y zambullido sobre sus amplias gorduras. Tuvo dos hijos que crio y acompañó hasta después de enviudar. Al tiempo, viuda, comenzó una nueva vida, se vino a Valparaíso, ahora, en la bohemia del puerto, conoció un chino, también viudo. Ahora es su amante, setentón, como ella. Y comparten alegres, nietos, hijos, fiestas, bares, comidas, viajes y sexo.

Y se puso más bonita que cuando joven.

##########

El argentino, el dueño de la tienda vecina, me dice los chilenos solo hablan de sexo, en el bar que frecuento, todos solo hablan de eso, que me acosté con fulana, que esto y que lo otro.

-Tus amigos serán esos.

- ¿Como en una universidad solo va a hablar de de eso?

-¿Será? . Pero es la impresión que tengo, Murmuraba.

########

Unos metros más allá, se instala una joven pareja, venden mascarillas, pañuelos y camisetas. Tenían una microempresa que fue a la bancarrota con el estallido social. No pudieron pagar los gastos del local y el arriendo. Tienen dos hijos. Necesitan trabajar. Están ahí, ordenados, ella, su marido y los dos hijitos. Limpiecitos, atendiendo en una mesita en la calle, donde exponen sus mercaderías, con la misma atención que tenían en su tienda. Las mascarillas es el producto que más vende en este momento. Aunque las mayores vendas las hacen por internet.

De un día a otro, desaparecieron. Me explicaron, la ayudante, la que les hacía el almuerzo y les ayudaba en la confección de las mascarillas, se contaminó con el coronavirus, Hicieron cuarentena, con toda la familia, ella, su pareja y los dos hijos, y no pasó nada, pero se asustó, y se dedicó a las ventas por internet.

########

En las aceras, cientos de vendedores, extendían un paño, colocaban su mercadería la vendían. Se negociaba de todo. Ropa nueva, ropa usada, perfumes falsificados, sombreros camisetas, adornos. Como eran tiempos extraños, nadie fiscalizaba.

Los días anteriores a Navidad, aumentaron. Al frente mío, se instaló un joven, que usó varios metros, unos diez, un par de mesas y el resto paños en el duelo. Era como una pequeña multitienda. Vendía desde zapatos, radios, alto parlantes vestidos pantalones hasta un monopatín. No paraba de hablar publicitando sus productos, la clave de su éxito en las ventas. Y vendía. De tarde, un gran camión lo venía a buscar.

########

Por ahí también pasaba el germano. Había nacido y vivido su juventud esplendorosa, en la Alemania próspera. Había sido deportista y exitoso. Era alto, media casi un metro y noventa, un cuerpo que aún conservaba su anatomía de atleta y un rostro de trazos masculinos que ya manifestaban sus primeras arrugas y mostraba señales de sus dolores. Había tenido una juventud radiante, algunas parejas felices. Después trabajó en el comercio de camiones. Compraba y vendía. Hasta que conoció una africana, hija de en soberano local, según decía, y comenzaron a ser pareja. La vida se transformó en solamente sexo. Placer y sexo. Días y días, meses y meses, años...Su voluntad desapareció y durante el tiempo que estuvieron juntos, nacieron tres hijos. No hacía nada más sino sexo.

-Comencé a darme cuenta de que todo lo que había sucedido, me dijo, cuando habían transcurrido años sin hacer nada más que sexo, cuando ella, la madre de mis hijos comenzó a interesarse por otro europeo, un francés, y, prácticamente me abandonó. Ahí me encontré con años de mi vida desconectado de todo, de mi pasado, hundidos en ese frenesí y después, abandonado.

Se decía illuminati, de los buenos, diferenciaba, y cargaba un inmenso libro, que había escrito, con una hermosa y cuidada letra, manuscrita, y que soñaba un día imprimir. También se sentía perseguido, se sentía acosado. Estaba viviendo en Santa Cruz de la Sierra, en el extremo oriente de Bolivia, hizo un viaje al sur de Perú, y a la vuelta, le prohibieron su retorno. El país le negó su ingreso. Y todos sus pequeños tesoros, acumulados en esa estancia, se perdieron en la casa donde vivía. Así, solo con su pequeña maleta de viaje, ingresó a Chile, y vivía a las penurias, con el ingreso de pequeños trabajos que conseguía. Le había prometido a su abuela visitar la tumba de su bisabuelo, que debía estar en Ponta Arenas, asesinado hace muchísimos años por fanáticos religiosos, por no compartir sus ideas. Después descubrió que, no había sido asesinado, que no había tumba, que había huido en un barco, rumbo al occidente. Y le nació un cierto rencor por los descendientes de alemanes, enriquecidos, que no lo amparaban por estar pobre, comentaba. Se sentía perseguido, observado, controlado. Y debía tener razón ¿quién no es controlado hoy día?, decía el pueblo.

Capítulo 19

Epicuro, se llamaba, como una porno, una estrella de la pornografía, salían de su boca y de su hermoso rostro que parecía sereno, las sorprendentes historias de su vida sexual. - Las cuento, me decía, para que sepan lo que hago y, de repente, me convidan y tenemos una placentera aventura. “Mi primera relación fue con mi tío, lo vi con su inmenso miembro duro y me calenté. Al momento se lo toqué y comencé a chuparlo. Ese mismo día me lo metió. Y continuamos los días siguientes. Todos los días.

Al mes, me dijo:

- Para de llorar huevón, que ya no te puede estar doliendo.

Fui su amante hasta que murió. Después me casé. Como la plata de mi trabajo no alcanzaba, con nuestros hijos, le pedí a mi esposa que fuese a trabajar. Se instaló, con éxito en la calle de las putas. Como, no iba siempre, un día llego un chofer de camiones, brasileño, a buscarla. Lo hice pasar, amable. Era un cliente. Hicieron sexo en nuestra cama, yo, aproveche de divertirme, mirando. Con el tiempo, se fueron a vivir juntos y me abandonó. Seguí mi vida, trabajando como cargador de camiones. Un día me tocó compartir con un chofer que tenía un bulto como el de mi fallecido tío. Él se dio cuenta que yo lo miraba ardiente. Y un día que estaba en el camión se sacó su pene y me pidió que se lo mamase. Lo hice o mejor que pude. Me llevó al hotel, olfateamos una cocaína y nos desnudamos. Gozó como un loco. Termino y yo volví a chuparlo, me lo metió de nuevo, piernas para arriba. Se cansó, yo seguía caliente. Él debe haber estado cansado,

después de la tercera, se dio vuelta y, me dice, restriégate, pero no lo metas. Y así pase toda la noche.

Capítulo 20

Tres veces se me había acercado, ella, la muerte. Tres veces y después de rodearme, besarme, acariciarme, se había retirado dejándome solo y anonadado.

La primera vez fue cuando niño, la primera infancia

Estaba en la primaria, en el liceo

Era la hora del recreo, hora de patios llenos, juegos activos y gritería de cientos de niños hiperactivos corriendo por los espacios pavimentados.

Había dos áreas, tamaño de una cancha de basquetbol, unidos por dos corredores en los extremos, eran los patios de recreo.

Uno a cada lado del salón de ceremonia que separaba el establecimiento en dos partes. En forma de H. La que daba a San Diego, la calle principal, era la mayor. Ahí´ estaba la rectoría, la secretaría, el dentista y todas las salas principales. La segunda parte estaba dotada de salas menores en tamaño y número.

Los patios eran cubiertos completamente de baldosas y cemento.

En medio de una corrida desaforada, entre un patio y otro, frente al puesto que vendía golosinas, en ese tiempo de energía sobrante, choqué con alguien, un alumno mayor, que hacía la misma corrida en sentido contrario.

Lo oí. O me lo contaron, después. En realidad, no supe de nada.

Desperté un mes después en la cama de una clínica.

Un mes extraño en el cual la sagrada vida estuvo como en suspenso, estaba vivo, pero sin conciencia, sin saberlo, sin notarlo. Con un cototo en la nuca.

¿Qué pasará en ese tiempo en los cuales se pierde la conciencia? Se vuela, ¿El espirito sale a volar por ahí? ¿O se queda, como un guardián, junto al cuerpo?

Como infante, no recuerdo nada. No me dieron ninguna explicación.

Solo sé que todos me trataban como un resucitado. Como dicen que los muertos son todos buenos, los que vuelven del más allá, también. Todos me sonreían, me daban regalos y me trataban con señales de alegría. Nunca me habían dado regalos tan bonitos. Me recuerdo de una colección completa de sellos, regalo del tío más lejano, de un colorido que me parecía precioso. No me acuerdo haber visto colores tan luminosos. Los niños ven un mundo diferente, era el caso. Jugué meses con esos sellos, viaje por los paisajes tropicales que revelan y me divertí solo por un largo período.

Volví al liceo y la vida continuó

El segundo encuentro con la señora muerte fue en mi época de universitario.

Una noche, pletórica de tragos y pastillas, estaba en mi pequeño departamento de estudiante. Hipersensible, con tanta droga, sentí que mi acompañante no me quería, que no había amor en nuestra relación, ninguna manifestación de cariño detrás de su rostro hermoso que parecía una estatua renacentista. Y deseaba que me quisiese, no que me dijese frases, no necesitaban ser frases poéticas, ni agradables, necesitaba gestos afectivos.

Pero de su rostro marmóreo, inmutable y su cuerpo helado, se mantenía un silencio enigmático. Una frialdad oral y gestual. Hasta en el sexo actuaba como un robot, se dejaba amar como una estatua de carne alabastrino. No sabía comunicarme con ese mutismo estatuario.

Descubrí que yo no sabía amar, que no había amor en nuestra relación. Nunca había usada esa palabra, ese sentimiento no me acompañaba. Vivía el sexo, el placer, la variedad y, de pronto, ebrio y agitado surge esa necesidad.

¿Qué es el amor? La ausencia de soledad, el momento en el cual el uno deja el aislamiento del yo y se complementa con otro? ¿O el momento en que el placer sexual adquiere su climax?

Se amplía, sueña y goza.

Hasta baila.

Aparece el amor.

Y después de conocerlo, en su ausencia, se siente la necesidad de amar, de comulgar, en su sentido latino comunicarse.

Y su alejamiento aflora una crisis, no se quiere volver al aislamiento de toda la vida.

Había vivido una vida entera de eterna y hermosa soledad que no quería asumir compromisos, solo gozar y vivir. Sin gestos afectivos, sin abrazos ni acercamientos.

Y, de pronto, esa noche, sentí que estaba solo, que era solitario y que eternamente sería así.

Trágico, usando una cuchilla de poco filo, me corté la piel sobre las venas del brazo.

La sangre manchó el piso y mi acompañante, pavorido, abrió sus labios pétreos, dijo que no le gustan esas situaciones y se retiró. Con rapidez pero con el rostro no tan inmutable como antes.

Nunca más le vi.

Tomé más pastillas y escribí una carta de rechazo a mi eterna compañera, a la soledad.

Desperté después de una larga cantidad de horas de un sueño profundo, en el que, tampoco supe donde andaba, ni lo que hice, ni lo que soñé.

Nuevamente la pregunta que debe tener mil respuestas, dependiendo de cada pensamiento.

¿Dónde estuve? ¿Volando? ¿Planeando en el mundo astral? ¿Golpeando las puertas del paraíso? ¿O la otra puerta? ¿Conversando con mis fallecidos padres? ¿O con mis centenarios de ancestros?

¿O vagando por el limbo, o por el lugar del mundo espiritual donde dicen que queda vagando eternamente los espíritus de los suicidas, impedidos de llegar a cualquier lugar sin morir y sin vivir?

Un eterno deambular.

Desperté con los golpes de mi mejor amiga en esa época, en la puerta del departamento.

Entró, me encontró somnoliento.

Volví a la cama.

Ella fue al baño y leyó, en silencio, la carta. Sé que exclamó un

-¡ Ohhh!

Me levanté y rompí la carta. No expliqué nada.

#########

Volví a la rutina.

Al mundo plomo y moralista de ese Chile de la mitad del siglo veinte, el siglo anterior.

Donde un hombre usar un rojo era motivo no de escándalo que eso no se hacía en este país en esa época, solo que sería víctima de un mirar censurador.

Los hombres, con pretensiones de elegancia, aquí, solo usaban azules, plomos y beige. Negro, si era por luto.

Y camisas blancas, si deportiva podía ser celeste o crema, colores neutros, suaves, discretos, que no llamaran mucho la atención.

Se vivía un mundo en la calle, durante el día todo el mundo bien comportado, como los beatos y los curas querían.

A otras horas, cuando llegaba el oscurecer y nadie observaba se vivía otro mundo, el de la vida pornográfica, el sexo secreto, se hacía lo que se pensaba que nadie sabría. Y se creaba un mundo paralelo, los incestos, la morbosidad y las visitas a las casas de putas.

Delante de tanta normalidad, decidí experimentar una droga de moda, en esos tiempos que antecedían el movimiento hippie, el ácido lisérgico, la droga que provoca alucinaciones, altera las percepciones, los colores, las visiones y las realidades y que acercaba al mundo del libro Las puertas de la percepción, de Aldous Huxley, una moda en esa época, donde relataba sus experiencias con la mezcalina, otro alucinógeno.

Eran también los tiempos de Carlos Castañeda y las vivencias con hongos alucinógenos. Y como mi colega, que consideraba mi gran amiga, estudiaba sicología le pedí que hiciera los contactos con el médico que hacía experiencias con esa droga.

Además, como experimento, era gratuito.

Craso error.

Ella hizo los contactos pero no como yo imaginaba. Ahí me di cuenta lo poco que la conocía.

Ella era hija única. Los hijos únicos no se comportan como la mayoría de las personas. Ellos han sido creados en un hogar donde son el centro de la casa, de la familia, de la tierra y del universo. Y así se comportan. Y continúan a lo largo de la vida.

Ella decidió, sin decírmelo, que, mejor que enviarme a los viajes lisérgicos y a los vuelos imaginativos, debía enviarme a un siquiatra demente que hacía experiencias con pentatol, la droga de verdad, la fatídica droga que después fue usada en los tiempos de la tortura, los suplicios y la dictadura. Yo fui ahí, ingenuamente, como conejillo de indias

Inexperto, creí en ella.

Fue la experiencia más terrorífica de mi vida.

Pasé en una casa siquiátrica un día y una noche. Llegué voluntariamente. Luego que entré, me aplicaron una primera inyección de esa droga torturadora, que era exactamente lo contrario de los vuelos soñadores y libertarios que yo pretendía.

De ahí adelante, dormité. Porque no era dormir, era estar en un estado extraño, semiinconsciente, en el cual, salía, por momentos, debido a los gritos y a la violencia de la interpelación. Eso no era una consulta, era un brutal interrogatorio, era una agresión sicológica. Me investigó de todo, desde mis primeras magníficas experiencias feláticas hasta el estado de mi billetera, de mis relaciones familiares a mi fortuna familiar de aquella época.

########

Ese fue uno de los método de tortura que se usó, más tarde, en la dictadura, para interrogar los presos políticos.

Usaron varios otros métodos, en la dictadura, choques eléctricos, violencia física, violaciones. Pero ese fue uno de los que usaron, con certeza.

Un amigo mío, sobrevivió a todos esos traumas Y a las prisiones.

Después fue liberado por los derechos humanos y exiliado a Italia, país que lo acogió, junto a centenas de chilenos. Lo mismo hicieron otros países. Fueron miles de naciones que recibieron los exilados chilenos en esa época. Por todas partes del mundo se distribuyeron. Se comenta que, por años, la población del país no aumentaba, tanta era la cantidad de exiliados y de viajeros fuera del país.

. Mi amigo, sobrevivió, y recorrió Europa comentando sus experiencias y sus sufrimientos. Quedó tan traumado, con secuelas, con dolores y recuerdos horrorosos. Con la vuelta a la democracia, retornó al país con mucha confianza Cuando veía en la calle algún torturador, aunque fuese vestido de civil, lo seguía.

A los gritos, lo increpaba.

-Tortúrame ahora, pégame ahora, ante el silencio del aludido.

En medio de la calle y, ante la aparente indiferencia del ex torturador, continuaba.

-Pégame, desgraciado.

-Se te acabó la valentía. Animal

-Dónde está el torturador, desgraciado

Era tanto el dolor, el sufrimiento, que se revivía ante cada persecución. Que su médico, le dijo, me lo contó él personalmente,

-Te estás haciendo daño a ti mismo. O lo olvidas y dejas lo que hizo a su karma y su castigo o tú no vas a mejorar. Tu salud va a empeorar y no sobreviras.

Así lo hizo, a la fuerza y, lo vi, todavía vive en la región de Tarapacá.

No reclama, pero no olvida, ni perdona.

El sufrimiento y el placer, ¿Dónde se equilibran?

#######

Y volviendo el malvado psiquiatra como sabía el dinero de mi cuenta bancaria, esa experiencia que sería gratuita, la cobró.

Fui un experimento. Como un rato de laboratorio gracias a esa inepta que se decía mi amiga.

Y después, en la dictadura, mi tratamiento experimental, fue aplicado a miles de detenidos.

Naturalmente que, esa mejor amiga, dejó de serlo inmediatamente Pocas veces más la vi, y, siempre ella, con su sonrisa de hija única, sin imaginar la tortura que su elección me hizo pasar porque nunca se lo dije. Lo dejé depositado en el subterráneo del inconsciente, en el closet secreto que nunca se abre y que nunca se confiesa su existencia.

#########

Y la tercera visita de la señora muerte fue en Brasil.

Llegando a las cinco décadas, casi cincuentón, cuando me sentía en el esplendor de mi vida, en mi realización profesional, mi bienestar económico y mi alegría sexual, mi cuerpo comenzó a debilitarse. Fueron primero, pequeños signos, debilidades musculares, gestos que no conseguía ejecutar. Aumentaban lentamente. Los músculos fueron perdiendo su fuerza, mis gestos perdían su agilidad y mis pensamientos deliraban. Después esas señales fueron en aumento gradual hasta no conseguí caminar como el común de los mortales, mis piernas temblaban, tenía que concentrar mi atención en ms movimientos para no desequilibrarme y caer. Y mi vida económica, que dependía de mis ventas semanales, de mi día a día, economía como de nómade, se fue a la ruina, me quedé vagando, desorientado.

Ahí apareció mi amiga Neide, protectora, que me cuidó hasta hospitalizarme.

Necesité la ayuda de un bastón.

Nuevamente terminé en una clínica, mejor dicho, era un instituto de salud, especializado en problemas hematológicos y que era subvencionada por el gobierno, o sea, gratis.

Había concurrido a la emergencia a consultarme y me internaron inmediatamente.

La parálisis fue acompañada de una especie de delirios, no percibía bien la situación, no captaba las realidades, ni reaccionaba con rapidez.

La médica que me atendió ya me conocía, conocía los comienzos de mi problema, de mi anemia que se complicó. La visitaba regularmente desde el comienzo de mis 'dificultades motoras.

¿Por qué no vienes a la consulta marcada y llegas a la emergencia?, me pregunta.

Pero al mirarme, totalmente ido, ya tiene la respuesta y da la orden de internarme.

Era un edificio hermoso ese del instituto.

Nuevo, brillante, impecable, extraordinariamente limpio, de acero y vidrios gigantes. Sus enfermeras parecían modelos, los enfermeros. actores y los médicos muy preocupados por los ´pacientes.

El trato era individualizado.

La doctora que me atendía me visitaba todos los días, me estudiaba, me analizaba.

A veces me iba acompañada de otros médicos. Estudiaban las posibilidades, pesquisaban. ¿Será una enfermedad autoinmune? ¿Lupus?

Pero no se descubría lo que yo tenía.

Podía recibir una visita por día.

Mis amigos que conseguían llegar a mi lecho hospitalario lloraban a escondidas al observarme. Debo haber estado horripilante, con el pelo largo y chascón, delirante, postrado y con una barba desordenada.

Yo vivía esa decadencia con total aceptación.

La parálisis invadió todo mi cuerpo. Le llamaron parálisis galopante.

Mi aspecto debe haber sido terrorífico.

El religioso del templo oriental que frecuentaba iba todos los días a rezarme, con una paciencia nipónica.

Solo me quedaba, algo de fuerza en mi cuello, que se levantaba, levemente, para alimentarme.

Ahora pienso que era como una conspiración invisible para volver, algo así como un destino escrito, porque, coincidentemente, luego que llegó mi pasaje, desde la capital de Chile, confirmando mi traslado Rio de Janeiro a Santiago, se descubrió lo que yo padecía.

O era un secreto deseo de volver, un instinto atávico.

##########

En Brasil, un país lleno de energía, maravilloso, colorido, alegre, hospitalario. Y carnavalesco.

El carnaval en Brasil es importante y a mí me seducía, como a la mayoría de los visitantes, extranjeros y turistas.

No me perdía uno.

Se realiza todo año.

Oficialmente cuarenta días antes de semana santa. Pero eso había cierta variabilidad en la fecha, dependía de la semana santa. Administrativamente comenzaba el viernes de carnaval, pero en realidad, comenzaba mucho antes.

Una semana después del desfile de Carnaval de Rio de Janeiro, cuando salía el resultado y la premiación del desfile de clubes, porque las escuelas de samba que desfilan compiten como el futbol, con posiciones y premios, comenzaba la preparación de las actividades de las próximas festividades. Una vez que el resultado sale, diciendo los puntajes y los primeros lugares, los campeones, los directorios de las escuelas de samba, tienen directivas dichas organizaciones, con su presidencia y sus asesores, se reúnen. Ese día se marcaba la primera reunión. Ahí se analizaba el comportamiento de las escuelas en el desfile y se planea el futuro y se proponen los temas que podrían, ser el nuevo enredo.

Entre esos temas propuestos por los propios directores se escogía uno. Porque cada escuela escogía un tema único y característico para utilizar en el próximo carnaval. En esos tiempos tenía que ser un tema nacional. Era obligatorio. Ese tema se pasaba al departamento de cultura que lo pesquisaba y estudiaba, hacía un resumen del tema. A partir de ese resumen el grupo de compositores de la escuela, se inspiraba y componía un samba con ese tema.

Cada compositor, o dos o tres, creaba una composición. Cada tema, se tocaba y cantaba en la escuela, en la cancha social, con todos los integrantes asistiendo.

Las festividades en el terreno se suspendían después de carnaval, durante la cuaresma, y volvían, gloriosas, a la medianoche del sábado de resurrección, celebrando la resurrección de Jesús, con el alegre vibrar de los tambores de la batucada.

Todas las sambas se cantaban los sábados que era el día de la fiesta de la comunidad.

Se iba seleccionando por la aprobación y el entusiasmo de las participantes, que lo cantaban y coreaban haciendo una ronda, danzando alrededor de la cancha. A medida que iba pasando las semanas iban disminuyendo los concursantes hasta que, eel último, era el gran duelo entre los dos mejores partícipes, los que habían sido más exitosos.

Otro resumen de la historia iba al departamento de carnaval, que diseñaba los disfraces.

En suma, al final, cada presentación de una escuela de samba era la presentación de una ópera popular. Se ensayaba en las canchas de la escuela y la gran presentación, la gala, era el desfile de gala, era el desfile ile de las escuelas que, las grandes, lo hacían en el sambódromo, una construcción especial, compuesta de una amplia avenida para los desfiles, asientos dispuestos en galerías, palcos de lujo, lugares pata los jurados del concurso y lugares especiales para los medios de comunicación.

Las escuelas son una parte importante del carnaval brasileño y hay tantas escuelas de samba como equipos de futbol.

No es la única manifestación que tiene ese carnaval.

Existe también el carnaval en los barrios, que festeja y desfila en cada barrio. También está el carnaval de los clubes, donde cada club hace sus bailes de carnaval.

Y está, también, el carnaval de calle. El carnaval de calle es eso, el carnaval del pueblo. Ahí en esos disfraces se nota la verdadera carnavalización, el sentido filosófico popular, irónico, sarcástico, iconoclasta, anti tabús. Se ve en la calle una monja de bikini un hombre mujer y lo contrario, una mujer hombre. Un blanco negro y un negro blanco. Una señora, me la recuerdo hasta hoy, una vieja señora de pantalón corto y blusa sencilla, bailando, llevando en la mano una gran fotografía de ella cuando joven. Frecuentaba el centro, en la Cinelandia, un lugar llamado así por la cantidad de cines que tenía frente a una plaza paseo iluminada, frente al Teatro Municipal, hermosísimo, monumental, donde todos los carnavales, una pequeña banda ejecutaba músicas antiguas de carnaval brasileño.

Todos esos carnavales coexistiendo, geográficamente, temporalmente y festivamente

Pero, en el fondo, aunque participando de todos los eventos uno se sentía uno siempre era un extranjero.

##########

Después de unos exámenes completos en el laboratorio que abarcaba un piso entero del enorme edificio, descubrieron lo que tenía. Era una falta exagerada, un setenta por ciento de la vitamina B12 que mi cuerpo debería tener. Mi organismo no la asimilaba. Una intensa aplicación de inyecciones de vitaminas inició mi rápida recuperación y pude tomar el avión, recuperándome, en silla de ruedas.

Era un esperar el deceso desconocido sin dramas, sin miedos y sin deseos. En algún momento debería llegar, ella, la muerte, cuando ella quisiese. Ya lo tenía claro: No sería cuando yo quisiese.

Capítulo 21

En el siglo recién pasado se escuchaban voces que hablaban del caótico siglo veintiuno, el siglo que vendría con plagas, catástrofes y penurias.

Entonces, hice algo que nunca había hecho y espero no repetir.

Estaba vagando por ese mundo de pensamientos, ideas, sensaciones y palpites, cuando observando las terribles predicciones para el siglo veintiuno, le pedí a los dioses un deseo; ese deseo era estar vivo para observar, frente a frente, ese caos venidero. Fue algo impulsivo, sin detalles.

No imaginaba que ese pedido, como un contrato, tenía letra chica, cláusulas adyacentes, letras que no se leían, situaciones inesperadas que acompañaban la realización del pedido.

No sospechaba en ese tiempo que yo era fuerte y bien parado que iba a llegar al siglo veintiuno, cojo, deforme y endeble.

Pero el deseo había sido cumplido, y ahora estaba, ahí, al vivo, frente a frente, en el siglo veintiuno, observando los acontecimientos caóticos e inesperados y esperando los siguientes.

El comienzo de esta época parecía rutinario, una continuación de los siglos.

Chile continuaba con cifras muy buenas, un país económicamente exitoso. Los poderosos ganaban mucho, la clase media vivía bien y los pobres tenían crédito y compraban y debían.

Todo parecía bien.

La imagen internacional del país era excelente. Las cifras así lo indicaban. El promedio de ingreso era fantástico, el mejor de América. Y el Presidente se daba el placer de viajar a la frontera de Colombia y Venezuela a provocar, a discursar en pro de los opositores del presidente polémico y a convidar a os venezolanos a venirse a nuestro país.- Pero la parte baja de ese promedio, era muy reducida. Lo que subía ese promedio era el exagero de los pocos que ganaban mucho.

Había variedad de ofertas comerciales de todo el mundo. De China, Pakistán e India en especial.

También las drogas llenaron las calles. Conseguir drogas era de una facilidad absurda. El único dilema era el precio. Había drogas caras otras más asequibles como la cocaína que, mezclada con otros productos de apariencia semejante, bajaban los precios. La marihuana, con fama de buena yerba, se podía encontrar en cualquier lugar de Valparaíso, muchas veces al pasar por las calles se sentía su olor penetrante y característico. Ahora el popular, el más barato era la pasta base. Con cualquier moneda se compraba un cuete. El gran problema era su duración. Se fumaba y te llevaba a un edén.

Una carga de energía y placer de minutos y se acababa. Y quedaba un deseo intenso de fumar otro. Era la llamada "ansiedad". La esperanza intensa de repetir la sensación, fumar otro.

Se culpaba los lanzazos, los robos repentinos, y los hurtos rápidos a este tipo de viciados.

Algunos achacan el ingreso de esa droga barata y destructiva a la antigua dictadura chilena, decían que fue introducida por ella, primero en las poblaciones para doblegar las insurrecciones, calmar los violentos y dominar al pueblo. Otros, en el norte, se lo achacaban a Morales, el empresario de la coca boliviano, que terminó presidente de su país.

Comentan que, aceleraba la exportación al país de esa droga barata, como país productor podía hacerlo, para dopar al pueblo chileno y dominarlo.

Y no solo al chileno.

Un amigo bonaerense, que había sido deportista, aún mantenía el resto de sus otrora músculos en los brazos, estaba delgado, durmiendo en una caleta, debajo de unas tablas. Un joven inteligente, hermoso y educado, viviendo como un hombre de las cavernas, apoyándose con lo único que tenía a mano. Aún mantenía algo de la buena pinta que tuvo. Había sido guardacostas de gente importante a nivel de Latinoamérica.

Ahora me visitaba, conversaba, no intercambiaba un par de frases, y de pronto, se agitaba y desaparecía rápidamente.

-Ven a almorzar conmigo.

-- Vuelvo

Desaparecía una semana. Cuando retorna, como si se hubiese despedido hace cinco minutos.

No lo interrogo. Lo acepto.

Ahí me cuenta que estaba viciado en pasta base. Hasta su celular lo perdió por eso. En la calle Bellavista, lo trocó por pasta. Todos estos meses estaba consumiendo la droga.

Lo escucho sin censurarlo.

Es difícil que un amigo te diga que consume pasta, que llegó a ese nivel de drogadicción, que está a ese nivel de decadencia.

Pero era mi amigo y él sabía que lo quería.

-Ahora paré, continúa, vuelvo a Argentina. Me enteré por el computador que mi madre está en la fase terminal de cáncer. Me voy a acompañarla los últimos días de su vida.

Se queda horas conmigo, antes de despedirse, al amanecer y cruzar a Mendoza.

Frágil pero determinado.

Fue el caso más cercano, el primer caso cercano, de infectado del coronavirus que conocí. Lo vi por internet. Instaló una foto de su cuerpo hospitalizado, penetrado por agujas conectado a mangueras, varias. Y comunicando que estaba internado, que le estaban haciendo los análisis necesarios para determinar y confirmar la infección, en Tucumán.

En el siguiente mensaje, dos meses después, ya recuperado, expone su artesanía en internet, para tratar de sobrevivir en San Miguel de Tucumán.

Meses después recibo la noticia que no consiguió vencer su vicio y ha acabado con su vida.

##########

El rubio también fumaba pasta base. Por lo menos una vez que me andaba pidiendo dinero para comprar, me lo dijo. Decía que llamaba por teléfono y se la traían en bicicleta. Aparecía y desaparecía. Ahora contaba que una mujer lo había llevado a un departamento, le dio protección y amor hasta que se le acabó el dinero. Como la historia venía de un mitómano, todo era posible. La realidad era que había desaparecido durante poco más de un mes.

-Viejo verde, me dice, después que me pidió dinero y yo lo toquetee. Se quedo entre insolente y toqueteado, mirándome.

Como me dijo en un comienzo, después, se acostumbró. Y toda vez que necesitaba algo, todos los días, se acercaba, ofreciéndome su cuerpo joven, aun musculoso, recuerdos de su tiempo de atleta, para acariciarlo.

A veces me hacía propuestas más osadas e indecentes, si necesitaba algo más que lo normal.

Se acercaba el invierno y continuaba durmiendo cerca de los portones del hospital. Ya no era amante del mendigo. Ahora, cuidaba autos y salía a beber con algunos peluqueros de la calle la

Batalla de Huito.. Le insinué que podía dormir en mi habitación. Pero era complicado porque yo entraba temprano al atardecer, y a esa hora él estaba en el auge de la farra, de esa parte de la bebedera, los comienzos, la previa como la llamaban, porque después, según Ricardo, el mendigo, se iba al minicampamento del hospital y ahora dormía en la parte más brava, donde se bebía de todo, de cerveza, whisky, ron y hasta alcohol casi puro. Todo lo que había. Hasta el amanecer. Dormía ahora, cerca del alemán. Ahí salían peleas, riñas hasta agresiones, me contaba mi vecino. Pero el rubio no era cobarde, conservaba, de sus tiempos de luchador, la valentía y se enfrentaba, frente a frente, a cualquier situación.

Los domingos iba donde una enamorada que tenía en la parte alta de Viña del Mar. Lo sé porque me iba a pedir dinero. Para el pasaje. En realidad, le pedía dinero a todos los que conocía. Poco. Pero era algo.

########

Luego conoció una joven, trabajaba, decía, como mesera, la Princesa, en una especie de cabaret que funcionaba toda la noche. Las malas lenguas decían que eran más que meseras. Y se veía, a la hora en la que el común de los humanos desayunaba, grupos de machos, acercarse al establecimiento a esperar las funcionarias.

Se les veía, sentados, al rubio y la Princesa, en la acera, en la puerta de la botillería, tomando cervezas, conversando, pololeando y alegres por horas.

Terminaron viviendo juntos. Ella era una maestra en los artes amatorios, una diosa del sexo, una profesional condecorada. Lo acogió junto a sus tres hijos como más uno. Un cuarto hijo amante. Lo cuidaba, lo alimentaba, lo amaba. Una mamá amante.

De día, el rubio, cuidaba autos, de tarde compraba alimentos pan, cecinas y leche para las onces familiares, y se dirigía los altos del cerro de Playa Ancha donde ella vivía. Era un paraíso. Fue presentado a toda la familia en un asado dominguero, como un familiar más. Todo corría bien durante algunas semanas.

Pero surgieron los celos. Ahí el comenzó a notar que ella salía, demoraba y volvía con dinero. ¿Qué hacía se preguntaba? Se respondió que salía a prostituirse. El sospechaba que había sido prostituta. Así que un final de semanas de tragos, drogas y convivencias en la casa de la vecina, arañones mutuos, los celos brotaron y la agredió, la abofeteó y le dijo todo lo que sus celos le ordenaron.

Inmediatamente, las mujeres llamaron a la policía, en estos tiempos de protestas feministas y liberación sexual la policía llegó en la hora.

Detenido.

Mientras esperaba el juez que vería su caso. Hace antesala. Una noche esperando preso. En la cárcel gris y silenciosa, el guardia le dejó una opción: O con todos que te pueden agredir, abusar, violentar. O solo yo.

La escoja era fácil.

Fue liberado después que el fiscal determinó la condena. Prohibición de acercarse a ella por un año.

Ese mismo domingo, golpean mi puerta. Era el rubio. Me abraza llorando y me cuenta toda esa historia, o sea una sinopsis.

Pasó el día jugando con mi celular. Tranquilo.

Al llegar el atardecer, decidió ir a Playa Ancha

- Te prohibieron acercarte por un año.

- Voy, Préstame mil pesos.

Y fue un lloriquear como una hora por los mil pesos.

Ahí entendí que había sido regaloneado toda su infancia, que su madre siempre le decía que si, ya que era la única **persona** de poder que existía, su padre había desaparecido cuando el tenía dos años y el, lo odiaba. Ella era padre y madre y lo había malcriado.

La pareja de la dueña, pensando que la situación podía llegar a mayores le emprestó mil pesos.

Fue el comienzo del fin de esa amistad de apellido indefinido.

Al día siguiente volvió golpeado. Tenía moretones en el cuello y en el hombro que probaban la efectividad del hecho. El antiguo amante de la Princesa, le había agredido. Él dice que por la espalda, porque si no, no lo había logrado. Ya que él, repetía, era campeón de lucha.

Ese día trabajó, cuidando autos y en la noche nuevamente, emprendió el camino al cerro, estaba enamorado, obsesionado. No se resignaba a abandonar esa relación. No creía que las puertas de ese hogar se le habían cerrado.

Volvió entero. Según contaba había dormido en la calle. En el banco de una plaza del cerro de Playa Ancha. Fue una noche fría, para los padrones del Puerto, además había la vaguada costera que humedecía todo.

Se veía tan pequeño, como encogido por el frío. Me pidió dinero prestado para tomar desayuno y se fue a trabajar.

Ese día y los siguientes continuó la comunicación por teléfono, interminable, con ella.

Esos días comenzó a compartir mi cama.

En realidad, comenzó a pagar por día una cama en un cuarto vecino al mío, pero se venía dormir conmigo. Dormía en la estrecha cama, junto a mí, sin tocarme.

Al tercer día, bebió. Yo, roncaba,

-Viejo culiao, ni se te para. Me reclama al día siguiente.

Debe haber pasado algo esa noche…Yo, dormía.

Hasta que un día, tomando vino conmigo, tuvo unos momentos de niño regalón, y salto, pateo y reclamó hasta las dos de la mañana. Quería usar mi teléfono para llamar a la Princesa. Le dije que no era hora de estar telefoneando. La dueña de casa me vino a reclamar. Su habitación quedaba justo debajo de la mía y sentía todo que se emitía desde la mía.

Decidió no hospedarlo más.

A eso se sumaba el protesto del marinero, que le tenía un celo atroz. Solo pensar en sus ojos celestas y lo odiaba. A eso sumaba su cuerpo alto y atlético. Juraba que le iba a pegar. Con escuchar eso, decidí distanciarlo. El nauta, que acostumbraba a visitar mi taller cuando se sentía solo o cuando estaba alcoholizado, tuvo que acabar con esas costumbres. Se lo impedí, sabía que el rucio comenzaría a visitarme.

Más picado quedó, hablaba contra él, divulgaba sus errores, los aumentaba. Vivía con odio.

-Quería ser el único maraco de la casa, comentó el pueblo.

Como su amiga era la Poderosa, juntos hablaban, tramaban. E contaban historias a la administradora.

-Que es un borracho, que bebe en las calles, juntos hablaban al oído de la administradora la dueña. Se olvidaban de que el nauta hacía lo mismo.

Y lo miraban de soslayo.

A mí me miraban como la víctima del salvaje

Un día, el rubio, desesperado de caliente, con sed de mujer, pensando que ya no tendría oportunidad con la princesa, decidió volver con la antigua polola.

Vuelven. Inmediatamente, comparten unas horas en un motel cercano.

Cuando la Princesa siente que él está con otra, retorna, celosa, coqueta y seductora, lo acepta y lo hace acabar con el romance recién reiniciado.

Al día siguiente, vuelve la abandonada, despechada, funcionaria de una elegante multitienda, cercana y simplemente, le da un combo en los labios. Y después llama a la policía diciendo que estaba siendo agredida

Los carabineros vinieron y después de investigar, no lo detuvieron

Llamó a su madre. Relatando.

La madre, viendo el caos en que estaba metido su hijo, reaccionó y le dice que en las fiestas de fin de año, retornase. Porque todas esas aventuras, líos, caos y atritos, le era comunicadas a su madre, vía teléfono.

La Princesa lo escuchaba, habían quedado de juntarse nuevamente, se amaban, lloraban juntos con las historias del rubio, sus relatos del frío en las calles al dormir las noches sin casa. Pero ella no olvidaba la agresión sufrida, los golpes inesperados, no conseguía convencerse a llevarlo a la casa nuevamente y se retiraba sola.

-Venía recién bañada debe estar con otro, le decían sus celos

-Se va a casar con un loco de plata, pensaba.

La madre vino a verlo, vivía en un poblado cercano. Lo invitó a almorzar pasaron el domingo familiar, conversaron y lo peor, ella no aprobó la mesera.

El continuó igual

Pasaba currículos y no lo llamaban, como primera marca estaba la denuncia de violencia intrafamiliar, lo que anulaba cualquier postulacion.

Capítulo 22

Allá, en la plaza, el cultivador de marihuana jugaba a ser payaso, vistiendo de forma estrafalaria. Descendía de trabajadores, se vino al Puerto a estudiar. Cinco años con esfuerzo, sacrificándose, pagando la onerosa mensualidad, Cuándo se formó supo que su título no era válido, que nunca podría trabajar con el estudio obtenido, que los dueños de la empresa universitaria eran negociantes, hacían propaganda engañosa y salían incólumes del pillaje que realizaban. Optó por trabajar en el comercio ilícito. En un mundo donde grandes estafadores tenían vida libre un vendedor ilegal, también podría. Se instaló en esa plaza central. Su tiempo de universidad le había servido, dominaba el lenguaje, interactuaba bien con las personas. Usaba argumentos sofistas adecuados a cada personaje y sus actos de amabilidad eran el perfecto disfraz para sus conveniencias.

Como un fantasma hermoso camina un drogado a mi frente, con sus finos trazos embellecidos por una palidez agonizante. Se aleja entre los transeúntes, por la calle Condell….

En la misma plaza vagaba el poeta… Así le decían. Tal vez porque cuando hablaba solo y delirante en la plaza pronunciaba hasta esdrújulas, Era alto, blanco, había sido atlético, y parecía haber tenido un pasado hermoso… Hasta que cambió su cigarro al de pasta base.

ahora platicaba solo, parecía un loco. Comúnmente gesticulaba, como en una conferencia, como si fuese un griego del tiempo de Pericles, un peripatético, y se explanaba sobre temas que solo él entendía….

Poeta le llamaba el pueblo, afectuoso.

Capítulo 23

Jaime tenía la costumbre de declamar en la calle. Con una guitarra, su voz de anciano y sus ojos verdes perdidos entre la piel de su rostro ajado y su pelo mal peinado se paraba en una esquina de la plaza y recitaba. Se conocía la Biblia de memoria. Es que había hecho un curso de pastor evangélico y montado una pequeña iglesia en una población instalada en una toma. Todo terminó cuando el pastor profesor le fue a cobrar su diez por ciento.

-No hay diez por ciento. La religión no se paga. Y expulsó al profesor. Al tiempo terminó el templo. Y se cambió de población.

Había envejecido mucho, cuando una noche en que el levantó la mano para pegarle a su esposa, y, ella, más rápido tomó una gruesa rama de un árbol y le pegó primero. No una vez. Varias. No se le quebró ningún hueso, pero mal podía caminar.

-Que te pasó, le pregunté, al día siguiente.

-Me caí, me respondió. Hombre chileno nunca confiesa cuando una mujer le pega, es una humillación que guarda en silencio por toda la vida. Y no es el único caso. Continuaron trabajando juntos en la venta de antigüedades, pero vivían en casas diferentes, cada uno con lo suyo

Uno de los puntos altos de la presentación de Jaime, era cuando se acercaba a una de las damas que participaba del círculo que siempre se formaba cuando recitaba, y le preguntaba

-¿Cuál es su nombre, dama?

Inmediatamente, lea creaba una paya en su homenaje y la recitaba ahí, en público.

Ellas quedaban fascinadas.

Una tarde una de las homenajeadas se quedó hasta el final de la presentación que nunca duraba más de un par de horas.

-Lo invito a almorzar, le dice, ella, amable.

-Vamos le dice, José, después de intercambiar unas palabras y saber que la joven era colombiana.

Almuerzan y conversan. Sorprendido quedó Jaime al oír lo que después, me contó.

-Soy del interior del Departamento de Cauca, pero hay mucha violencia, por eso emigré. Fui raptada por la guerrilla que había en la región. Mi madre tuvo que vender una casa para pagar el rescate que pidieron por mí. Ahí el día que me soltaron los guerrilleros, unos siete, me violaron, uno a uno. Ahí camino el trecho donde estaban los uniformados esperándome, y, de nuevo, me forzaron, uno a uno, antes de llevarme a la ciudad y entregarme a mi madre.

-Lo que me sorprende, me decía Jaime, es que ella me contaba eso riéndose.

Pero no era natural, me decía Jaime, después me contó que quedó con costumbres extrañas como el deseo de salir desnuda corriendo por las calles.

Capítulo 24

En la historia, está el fin de China Imperial, imperio que duró milenios que, en sus últimos días de reinado, había sido invadido, desordenado y confundido por el opio.

Se cuenta que los enemigos de China, los ansiosos por poseer su territorio y su riqueza se aprovecharon del desorden que el alto consumo de opio por los ricos y la clase dirigente para apropiarse del poder y la riqueza del imperio.

Así consiguieron doblegar a los gobernantes chinos y habían conseguido mandar por un período ese territorio que lo transformaren en un simple lugar protegido y subyugado.

Según la leyenda después llego Mao y acabó el imperio corrupto y emergió, a sangre y fuego, el nuevo gobierno.

Pero la droga más común es el alcohol, que paga impuesto, con todas sus variantes del champaña, pasando por el vino, el whisky y llegando al ron barato que por dos chauchas la compran los moradores de la calle y. después que se la toman pueden dormir hasta debajo de un poste. En el norte, llega el cocoroco, extraído desde la caña, que llega a tener noventa y seis grados de alcohol y que entra desde Olivia, de contrabando.

En una feria autóctona, se acerca un conocido y me pregunta:

-¿Y ese trago, tan barato?

- Dicen que es super fuerte…

- Voy a probarlo.

Va, compra un pequeño vasito. Se lo toma al seco.

-Maravilloso.

A los cinco minutos, fue a tomar otro.

Volvió medio tambaleante. Al poco fue a tomar el tercero.

Lo tomó, y dio unos pasos, junto a un poste de madera, y cayó al suelo y quedó dormido, profundamente.

Capitulo 25

Mi amigo pintor vivía su alcoholismo por fases.

Se había formado de arquitecto y había viajado bastante. Había vivido en Nueva York y en Paris, pintando. En Francia se casó con una francesa y tuvo dos hijos. No era muy alto, de contextura gruesa, sus trazos no eran finos, pero no llegaban a ser groseros, blanco colorado, lleno de energía y con una voz sonora, fuerte y con una pronunciación muy bien modulada, con un sonido hermoso que lo hacía destacar y silenciar los auditores.

Volvió del extranjero solo.

Regresó a Iquique, su tierra natal.

Ahí pintaba, sin regularidad, un cuadro al mes, o más. Prácticamente solo pintaba otro cuando lo vendía. Y ejercía su función de arquitecto.

En tiempos de sed, vendía su firma. O sea, llegaba alguien con un diseño arquitectónico, lo recibía, lo revisaba y después ponía su timbre autorizado de profesional y su firma.

Eso, en su período de sobriedad, porque cuando le bajaba la sed, la sed alcohólica, comenzaba y no paraba. Días y días bebiendo.

Continuaba tomando, dejaba la casa, se juntaba con los amigos, los borrachos de la calle, conocidos todos en Iquique. Había algunos populares y famosos como el loco Erich, futbolista profesional, que abandonó el deporte y se dedicó a estacionar autos, a beber en las calles. Había otros hijos de grandes comerciantes o profesionales que también habían optado por la calle. Algunos recibían una pensión familiar.

Solo paraba cuando la intoxicación era tan grande que afectaba la salud, y tenía que ser hospitalizado por su familia. Se recuperaba, fácilmente en ese periodo abstemio.

Retornaba a su casa, a su trabajo independiente, a sus pinturas.

Hasta que volvía la sed.

Y el ciclo retornaba:

Sed, calle, hospital.

El asunto era que cuando ebrio perdía la conciencia, totalmente. Recuerdo que me conto un caso que le aconteció.

Estaba con un cliente, atendiéndolo para un trabajo. De pronto, entra un joven vecino, un motoquero y le dice al cliente:

-Váyase. Quiero que se vaya.

Y el cliente, ante el tono decidido y la actitud desconsiderada, se fue.

-No te quiero ver con nadie, le dice con un tono de macho dominante y abusivo.

El hermano, que estaba cerca, le pregunta apenas el vecino se retira.

-¿Qué eres maricón?

- No, nunca.

Cuando termina de contarme la historia, en la mesa de un bar, le pregunto

-¿Y qué pasó, que hiciste, realmente, con el motoquero?

- No me acuerdo, me responde, con una expresión, entre extraña y descorazonada.

Y así continuó su vida.

En la última internación solo salió en una urna. Sus fieles compañeros de parranda fueron en masa a la ceremonia del velorio y al entierro. A esa hora supe de lo acontecido, cuando, también en masa fueron a preguntarme por qué no había ido al entierro.

Capítulo 26

Maximiliano era un caso diferente…

No tenía muchos estudios. Su padre era u hombre moreno, pequeñito, de un moreno mulato. Su madre una blanca alegre. Le decían María, la loca. Tuvieron varios hijos.

Maximiliano era simpático, sin ser alto tenía un cuerpo bien formado y un color moreno suave que fascinaba a todo el mundo.

Consiguió un empleo bien remunerado para quien no tiene muchos gastos. Trabajaba en una sala de cine. Entraba dinero en la boletería, en la confitería y las propinas. Y se repartía de una forma que le satisfacía. No sé si el dueño del cine sabía cómo se repartía ese dinero.

Se enamoró perdidamente de una joven que ni lo miraba. Todo día la observaba y ninguna respuesta.

Pero la hermana, atenta se acercó. Amistosa. Y comenzaron a enamorar. Ella que ya tenía una hija, le facilitó los caminos. Luego vino su primera hija.

Pero no todo era tan simple.

La juventud de nuestro amigo no había sido de un solo sendero, había recorrido varios.

Bebidas, drogas, sexos variados.

Garriga había sido uno de sus amantes. Este vivía en el centro en un segundo piso de un caserón inmenso. Su amante era un soldado

No hacía otra cosa sino beber. El dinero lo recibía de su familia Era beber y drogarse las actividades fundamentales. Maximiliano era uno de sus asiduos frecuentadores.

-Un día, me cuenta, llegué y la puerta, entreabierta, no se abría. La empujaba y no se abría. Al tiempo me vine a dar cuenta de lo que pasaba; borrachos, él y el soldado se habían caído de la escalera y , de tan ebrios, no consiguieron levantarse y se quedaron dormidos, o desmayados, ahí, atrás de la puerta, eso impedía abrir la puerta, interrumpía la entrada.

Y comenzaron las salidas, el llegar ebrio, el no dormir en la casa. Su alcoholismo fue creciendo, hasta hacerse consuetudinario. Hasta dejar la casa por la calle. También llegó a los grupos de habitantes de la playa. No era difícil llegar a ellos.

Y beber hasta no saber lo que pasaba.

Una pelea. ¿Cómo comenzaba?

¿Nadie sabía?

Terminaba peleando todo el mundo.

Todos contra todos.

Hasta quedase todos dormidos. Juntos.

-¿Y el sexo?

-Igual. Cuando estamos muy borrachos, transamos.

-¿ Y cómo sabes lo que hiciste? ¿Pasivo o activo?

- Al día siguiente. Me toco las partes. Ahí sé.

Después me quedé con el asesino.

- ¿Asesino?

- Si. Le decían así porque había matado su padre. Estaba peleando con su madre, el fue a defenderla, la defendió. El padre terminó muerto. El, en la cárcel. Desde ahí que pusieron ese nombre: el asesino.

El hacía esas flores artesanales que aprendió a confeccionar en la prisión. Yo salgo y los vendo. Le doy todo el dinero. Después nos íbamos a pernoctar a un cuarto que el pagaba por noche.

-¿ Y cómo era en la cama?

- Juguetón.

Capítulo 27

Lo llevé a dormir al departamento que arrendaba, en Iquique. Comenzó a transformarse rápidamente. Decía que, si paraba de beber de golpe, su cuerpo se resentía y le daban tiritones. Cambiamos el ron de quinientos pesos por vino.

La piel cambió, parecía más saludable.

Me ayudaba a trabajar y era un excelente vendedor.

Tenía, eso sí, un pavor a los temblores y a los terremotos. Salía corriendo desaforadamente para adelante, sin saber dónde iba, sin rumbo.

Tuvimos que crear un protocolo para los terremotos.

Primero, guarda rápidamente la mercadería.

Segundo, llevarla al depósito.

Tercero, correr para donde se te antoje…

Un día desapareció.

Volvió a días después contando que lo habían asaltado en el colectivo, en la subida a Alto Hospicio.

-Me había dado vergüenza, contarte, dice.

Después comenzó a desaparecer hasta que no lo vi más.

Le había hablado de los grupos de recuperación de alcoholatras, pero en todos ellos el primer requisito es que el propio ebrio desee parar de beber, y eso era difícil.

Dicen los Alcohólicos Anónimos que el parar de beber de un alcohólico es una situación delicada. Consideran que es fundamental el primer trago. No beberlo. Según ellos, cuando se bebe ese primer trago, se produce una transformación en el cuerpo y el alma del alcohólico, y le da un deseo imparable de beber, 'unas ganas de no parar y de seguir tomando. Una especie de transmutación.

Las reuniones se hacían en salas cerradas donde solo entraban miembros. O candidatos a integrarse. Es como una reunión religiosa, ¿O es una reunión religiosa? Se hablaba del Poder Superior solo podían entrar antiguos ebrios o sea, alcohólicos. Y financiaban los gastos generales que toda organización tiene con donaciones de sus propios miembros. Con ellos se pagaban los arriendos, y todas las actividades que implicasen gastos económicos. Ahí se escuchaban, con orden y silencio. Hablaba uno cada vez, Lo hacían frente a un sencillo micrófono que estaba en un extremo de la sala, al lado de la mesa del miembro que coordinaba la reunión. Eran relatos sinceros, muchas veces cargados de emoción. No eran muy largos, pero todos eran espontáneos. A veces, sobre todo pasaba con los recién llegados, en un comienzo en vez de palabras, salía un sollozo y ese lamento, esa emoción, valía más que mil palabras. En suma, era una terapia colectiva, espiritual y, en casos, hasta mística. Con certeza era mejor que un sicoanálisis.

#########

Pero entre tanto caso dramático, Había casos diferentes. Jóvenes que trabajaban, crecían, prosperaban y construían sus propios emprendimientos.

Leonardo era uno de esos casos. Joven, blanco, atlético, camina horas a paso acelerado por todo Valparaíso, el vende dulces y postres que el mismo hace, gelatinas, cremas. Eran de confección casera, el mismo las elabora.

Es un excelente y dinámico vendedor.

-¿Cómo está la venda?

--Cayó. Bajo un cincuenta por ciento. Pero aun vendo

- Vendías mucho.

- Si, pero tengo planos. Volveremos a crecer

-¿Cómo?

- Voy a hacer nuevos tipos de productos.

-¿ Y el precio?

- No, no quiero subir el precio.

- Si, no puedes

-No, estoy economizando en los gastos. Es la única manera.

De todas maneras, su mínimo actual es mucho mayor que mi máximo cotidiano.

Pero en su historia ni todo es felicidad, su hijo, su único y querido retoño, su réplica en miniatura, no está en su compañía. La madre, celosa, se ha separado y vive lejos.

Pero continúa trabajando

Capítulo 28

Los extranjeros venían a Chile en gran número atraídos por la situación económica pregonada a los cuatro vientos.

Algunos como los otavaleños, venían desde siempre. De su hermoso lago azul turquesa, circundados de cabañas, Otavalo, donde los telares urdían sus famosas telas que salía a vender, con su fama de buenos comerciantes, por el mundo, con su ropa blanca característica y su larga trenza masculina. Siempre viajaron por el mundo, vendiendo sus mercaderías.

En el norte los peruanos que se quedaron en Tarapacá se fueron transformando en chilenos en los documentos, después que su país perdió el territorio para la guerra, a través de sus hijos, nietos y descendientes.

Después de la implantación del centro comercial Zofri, llegaron, árabes, mucha gente de la India, chinos y coreanos.

Con los chinos, hay una relación especial, sobre todo con los del pasado, con ellos. Chile tiene una relación antigua, siempre han llegado, también con su numerosa población son inagotables.

En la antigua Guerra del Pacífico, en la como todos sabemos, Chile le ganó a la confederación Perú-boliviana que había declarado la guerra y, con ello, amplió su territorio hasta el paralelo diecisiete. Bien en esa guerra se nombró como jefe chileno a Patricio Lynch, que comenzó recorriendo el sur del Perú.

Sorprendido, cuando ingresaban en territorio peruano, de ver a chinos, trabajando encadenados y esclavizados, se acercó a ellos.

Había participado en la marina británica, gracias a beneficios que tenía debido a tener antepasados ingleses, y había recorrido la costa china, donde aprendió el mandarín.

Se aproximó y les preguntó qué pasaba, el por qué estaban ahí.

Le respondieron que habían venido desde su lejano país a trabajar y al llegar a las costas del Perú, los empresarios peruanos, los esclavizaron y los pusieron a trabajar como esclavos. Inmediatamente.

Lynch, ordenó libertarles.

Y, a medida que iban adentrando en el territorio peruano, más chinos fueron libertados.

Comentase con los chinos libertados siguieron el ejército chileno, lo apoyaron, crearon un batallón adjunto.

Se dio el curioso caso que a pesar de las batallas, el ejército chileno crecía en vez de disminuir.

Y en la toma, de Lima, los que más odio tenían eran ellos, un rencor profundo tras años esclavitud.

Esta versión es refutada por los peruanos. Ellos, dicen que después de ser liberados de su esclavitud, liberados de sus grilletes, e su penuria, fuero sueltos, libres, obligados a seguir al ejército chileno.

########

Ahora llegó una gran cantidad, comerciantes chinos, con el auspicio de su gobierno actual.

Últimamente comenzaron a llegar coreanos. También con el apoyo de su gobierno como los chinos.

Las cifras económicas del centro comercial Zofri son inmensas, distribuye sus productos a Bolivia, sur de Perú, Paraguay y de ahí al gigante Brasil y todo Chile, que los árabes de ese centro fueron acusados, junto al triple alianza del eje Brasil, Paraguay y norte de Argentina de financiar el movimiento revolucionario árabe.

El papel de los choros de Iquique se lo quitaron a los peruanos, los colombianos. No los profesionales y los trabajadores, sino que los delincuentes que salían en las noticias frecuentemente.

Se tomaban una casa, eran expulsos por la policía, salían daba una vuelta a la calle destruían los sellos policiales y entraban de nuevo.

Eran profesionales de la anarquía.

Hay muchas casas a las que los propietarios le bloquearon su puerta de entrada con ladrillos y cemento para que no fueran invadidas.

Se decía que, los alrededores del mercado central de la ciudad eran, de noche, territorio de los asaltantes colombianos.

Los nativos, de origen autóctono, transitaban en todo ese triángulo geográfico con naturalidad, el extremo sur de Perú, el oeste de Bolivia el noroeste argentino y y el norte de Chile, por siempre...

Era la tierra de los aimaras y quechuas.

Había sido siempre su tierra…

La tierra era de ellos y pasaban los gobiernos y ellos continuaban. Con lo inhóspito del clima, extremo calor de día y un frío intenso de noche, solo ellos para sobrevivir.

La frontera del desierto entre Perú y Bolivia era inmensa, kilométrica, desolada y despoblada.

El límite con Perú estaba lleno de explosivos por lo que el paso ilegal por esa parte del desierto era extremamente arriesgado. Era una planicie, seca de tierra seca, árida, toda parecida y llena de bombas instaladas en los tiempos de la dictadura lo que hacía el ocre terreno muy peligroso...

La frontera con Bolivia, a través de la cordillera, también era complicada, pero por lo extensa, por la variación del clima, intensamente frío en la noche y caluroso en el día y por lo despoblada.

El clima era extremo.

De día el mucho calor resaltaba la variedad de ocres que dominaban el paisaje.

De noche, un frío intenso hacía más oscuro el silencio de la noche

Era una cordillera fría y árida.

En la región se ve una escasa vegetación, a veces algunos camélidos, llamas, alpacas y vicuñas y mimetizados con la tierra, los aimaras.

Siglos caminando, literalmente, en esa tierra.

########

Un amigo que almorzaba, en Iquique, con dos comensales bolivianos. A la hora de los últimos sorbos de vino, recibió una invitación

-¿Vamos a almorzar a mi casa, mañana, a La Paz?

-Vamos. Le respondió en la alegría de los tragos.

-Fue a la policía de frontera y preguntó

-¿Hasta qué horas está abierta el paso de Colchane?

-No cierra. Se atiende Veinticuatros horas por día.

-Ok

Salieron tarde de Iquique, después de un largo almuerzo, atravesaron los suaves colores de algunos oasis y llegaron de madrugada a la frontera.

Hacía un frío atroz.

El poblado dormía.

No se veía un alma. En las oficinas de la pasada fronteriza. no había nadie despierto.

Ni un alma animada en toda la ciudad

-O te quedas o entras ilegal, clandestino, dijo un paceño.

-¿Y cómo retorno?

-De la misma manera, ilegal.

-Vamos

No había opción.

Pasaron.

Llegaron a La Paz, la capital de Bolivia.

Almorzaron y festejaron.

Volvió ese día, en un bus tradicional.

Al llegare a la frontera el chofer pregunta.

- ¿Los ilegales?

E informa: Los ilegales se bajan aquí, dan esa vuelta, por ese pasaje de tierra, y de aquí a poco los recojo al otro lado de la frontera.

Ahí nuestro amigo bajó con los ilegales, grupo al cual el también pertenecía, ya que había entrado sin papeles ni documentación al país.

Se bajó en Bolivia, como todos los ilícitos, pasó por una senda entre las montañas, y subió en Chile, después de la frontera, con todos los otros. Indocumentados.

El bus pasó por la aduana chilena solo con los legales.

Paro un kilómetro más allá y recogió todo el resto de los pasajeros, los ilegales, y continuó su viaje a Iquique.

#####

Ahora había llegado gran cantidad de venezolanos. Los primeros.

Muchos profesionales de alta categoría. La atención y educación de esos profesionales los destacaba. Los médicos de esa región destacan de los mismos profesionales nacionales por su atención y su naturalidad.

Venían del país que habías sido el país más rico de Sudamérica.

Por una especie de arte de magia, ahora era el más pobre.

Se cuenta que, como una extraña actitud la oposición venezolana, oposición al gobierno de Chávez, decidió no participar de las elecciones. Usando no sé qué argumento, en suma, ganaron todos los candidatos que apoyaban el gobierno y aprobaron todo lo que el presidente quiso y cambiaron la cara de Venezuela, con nuevas leyes.

########

Y llegaba una nueva generación de chinos, ahora subvencionados por el gobierno asiático, instalándose en el comercio y divulgando los productos de su región.

El comercio crecía, las cifras aumentaban, los ricos sonreían

Capítulo 29

Todos los días, nosotros, los que trabajábamos y los que teníamos que salir a la calle a vender, a hacer un trabajo esporádico o a conseguir algunos pesos, teníamos que estar atentos con la situación para ver lo que pasaba, que tipo de protestas había, donde se realizaba. O sí. ese día, por algún motivo desconocido, se descansaba y todo corría con normalidad.

Los muros, los portones, las paredes, las puertas, todo estaba lleno de grafitis, firmas, extensores y una variedad de manifestaciones gráficas.

A veces una mancha hermosa, otras rayas sueltas, algunas feas, y de pronto una obra de arte.

En la esquina de las calles Arturo Edwards e Independencia, donde había una farmacia que fue incendiada y que contagió, se expandió y quemó todo el edificio. Ahí, en unos de los muros que quedaron en pie e intactos, está pintada la imagen de un encapuchado, en blanco y negro principalmente, con vislumbres de otos colores, que se destaca entre todos.

Emerge vivo, como en movimiento, atento.

Sorprende, te hace observarlo, esperas verlo saltar, correr, tirar una piedra o una molotov, cuando de das cuentas que es una obra de arte que cumple su función.

En las paredes había todo tipo de frases;

Dignidad, Abajo los pacos, Viva el Che Guevara, Abajo la homofobia, Jota ama René, Pacos inculiables, Defiende la tierra, El pueblo, Dignidad., En defensa de las lésbicas, Desaparecido, No nos saqueen, vivimos de este trabajo, Muerte al poder, Desacate, No nos incendie, vivimos familias atrás, apoyamos la causa. Tenme miedo machón, ni culpables, ni inocentes. No más TFP. Eran frases repetidas en las paredes.

También aparecieron algunos letreros impresos tamaño carta, obras de impresora casera, pero eran letreros personales, con manifestaciones particulares y con poca fuerza social.

Capítulo 30

Al día siguiente hablaría Piñera, el presidente.

Le gustaba hablar.

No sé por qué si no lo hacía bien. Estaba lejos de ser un orador. Leía. A veces se equivocaba. Sus opositores, oían su nombre y ya eran contra. Cuando discursaba sin leer, era peor, cometía errores garrafales.

Un conocido me decía que ya no creía en nada, juraba que esos errores del gobernante eran intencionales, que lo hacía para que comentaran.

Se decía que lo habían escogido nuevamente presidente porque en su gobierno anterior, había dado muestra de ser un excelente administrador.

La coordinación del rescate de los treinta y tres mineros fue magistral, entre sus actos, el punto alto. Era una acción imposible que la buena administración, hizo posible.

Las comunicaciones mundiales divulgaron la hazaña a través de todos los medios. Escritos, hablados y televisivos. Día a día como una serie televisiva se publicaban los avances del rescate. Estaban atrapados en la mina San José, cerca de Copiapó al norte de Chile, a setecientos veinte metros de profundidad, y permanecieron durante diecisiete días incomunicados y después de sesenta y nueve días fueron rescatados.

El rescate tuvo la mejor planificación, apoyo de las grandes empresas, de las mineras locales, asesoramiento hasta de la Nasa, la tecnología más avanzada.

Fue calificado como el mayor y más exitoso rescate de la historia a nivel mundial y tuvo el apoyo y la colaboración de todos, Eso le dio fama a través del mundo. Fue un acontecimiento único en el mundo. Extraordinario.

Se comenta que el momento del rescate tuvo más de mil millones de espectadores en todo el mundo, observando emocionadas el capítulo final de esa serie de días enterrados en vida.

Las cámaras filmadoras, las televisivas, los medios digitales y las máquinas fotográficas enfocando el momento en el cada uno de los treinta y tres mineros salían de esa especie de tubo, ancho, llamada Cápsula Fénix, que se había adaptado como ascensor, donde captaban el rostro, la expresión, el cansancio, y la historia de cada uno de los mineros, después de ese largo entierro y lo divulgaban al mundo entero. Sus gestos primeros, sus actitudes características y las recepciones de los familiares, las autoridades y los amigos. Al mismo tiempo contaban sus relatos. Todos quedaron famosos. Pero no todos reaccionaron bien, con el tiempo, a esa experiencia, algunos quedaron traumatizados.

Uno a uno emergieron desde el fondo de la mina, bajo el atento ojo de millones de personas en el mundo, los treinta y tres mineros, todos, sobrevivientes.

Ahí se supo que cada uno de ellos había ejecutado un rol, dependiendo sus conocimientos y aptitudes. El capataz de la mina, el primero que salió, fue el camarógrafo de la vida subterránea. El último a emerger, fue el jefe que organizó todo, en el fondo de la mina, hasta el último minuto cuidando la organización.

El extrovertido del grupo salió eufórico y repartió piedras del fondo de la mina a las autoridades. El milico, ayudó, durante la obligatoria estadía subterránea, a ordenar los ánimos y esperaba dejar los trabajos de la minería para siempre. El único extranjero, el boliviano del grupo solo llevaba cinco días trabajando en la mina. El más joven, de dieciocho años, solo quería volver a estudiar. El recolector de frutas pensaba renunciar a esa pega subterránea y volver a las campiñas. El cuequero, cantó y bailó el b baile nacional para el dieciocho, la fiesta nacional de Chile debajo de la mina, en las profundezas, entre las sombras y la media luz . Era el más alegre trabajaba hace nueve años en la mina. Con cincuenta y nueve años, de salud complicada, salió con los brazos y llenos de júbilo. El trabajaba para pagar sus deudas y pensó en no ir a trabajar ese día

Escribió la frase más conocida del evento.

Estamos bien en la mina los 33

El penúltimo en salir, fue un joven de veinte y nueve años que vio su tercera hija nacer a través de un video. El siguiente, un electricista, de veinte y seis años, uno de los que instaló el sistema de comunicación entre el fondo de la mina y la superficie. Había un sureño que estaba en su primer día de trabajo. El otro, también sureño, venía de las minas de carbón. Solo quería tener un nuevo hijo.

El sucesivo, llamó la atención porque su madre supo por las noticias que su hijo estaba atrapado en esa mina. Otro era famoso por su pasado futbolístico.

El solitario, desde el fondo de la mina, pidió en matrimonio a su pareja. Uno era cargador, amaba el futbol y los caballos.

Había un guía espiritual, el evangélico, con quien leían la Biblia para todos.

Otro solo trabajaba porque quería una casa y un auto. El enfermero, el doctor de los mineros, tenía dos mujeres a su espera, Uno hacía doble turno. Este trabajaba para pagar la carrera de medicina del hijo. Otro pensaba renunciar a la mina.

El abuelo, estaba en su tercer gran accidente minero. Salió con una bandera del Colo- Colo, el más famoso equipo de futbol nacional.

Uno, que era taxista, ahora cumplía la función de conductor de camión en el subsuelo, salió a abrazar a su madre. El escritor, escribía un libro en esos días debajo de la mina. Cantinflas, le decían al buen humorado del grupo que recibió una carta de la novia diciendo que sería padre. El atleta, corría diez kilómetros diarios, imperturbable.

Y el más viejo del grupo. con cincuenta y nueve años, de salud complicada, salió con los brazos arriba y llenos de júbilo.

Una muchedumbre rodeaba la mina y ahora observaba esa recepción acompañada por millones de ojos a través del mundo y la tecnología.

#########

Dicen que esa fama de buen administrador ayudo a Piñeira en la re-elección.

Esa notoriedad de buen planificador le valió la segunda victoria. A pesar de los rumores, los certificados y los testimonios de un pasado irregular

Sobre todo, después de la extraña presidencia anterior, de su antecesora.

Por lo menos, el pueblo, desde lejos, lo veía así.

La predecesora llegó como favorita y ganó como favorita.

Pero no debe ser fácil gobernar con tantos aliados.

Todo gobierno tiene una cantidad de cargos de confianza que tiene que llenar. Son salarios millonarios. Y muchos políticos viven de la política. No sabían hacer otra cosa. Estaban sin rentas de hace cuatro años. Todo el período del otro gobierno. Desesperados buscando empleo.

Ella estaba bien instalada, en Nueva york, con la jefatura de un organismo mundial y con un excelente sueldo, viáticos, comodidades y ventajas y sin los diecisiete millones de criticones chilenos expertos en todo.

Comentase que se vino obligada porque la elección estaba asegurada y por sus ideales. Algunas voces del pueblo dicen que venía mandada por sus jefes.

No sabía que al día siguiente de su posesión en el cargo de presidente, se tramaba su mayor escándalo.

Se firmaba un préstamo millonario a un familiar suyo, a la esposa de su hijo. El dinero venía de un banquero, desde una de las mayores fortunas del país.

Era un evidente caso de uso político de su nombre.

Aunque la presidente no sabía.

Eso que generó sorpresa nacional cuando un semanario publicó con detalles el préstamo, las cantidades, los nombres y el evidente uso político de este acto.

Eso manchó su gobierno y la amargó.

Además, provocó la renuncia de su hijo de su cargo en el palacio presidencial.

En suma, el gobierno, cumplía su programa. Pero las noticias escandalosas, eran tan reproducidos, que ganaban demasiada divulgación y opacaban las actividades del palacio.

En su gobierno, el pueblo decía, se gastó demasiado dinero y el gobierno parecía más una acción entre amigos que un gobierno del pueblo,

Se defendió con vehemencia a una política democratacristiana, corrupta, lo que provocó extrañeza en el pueblo. Tan evidentemente corrompida y tan defendida.

Esta vivía impunemente y ganó un cargo vitalicio, con un sueldo millonario. El pueblo observó en silencio y lo consideró una burla...

Nadie era procesado.

Ni de derecha ni de izquierda, tampoco los independientes. En el fondo todos se protegían mutuamente. Todos tenían yayas, hechos extraños, ilegales o inmorales a ocultar, que no querían que saliesen a la luz pública, a la vista del populacho, al mundo de los incrédulos.

Una de las jóvenes idealistas, una estudiante que salió de las marchas protestantes a la cámara de diputados, de ganar nada a su primer empleo como diputado, con un sueldo millonario, respondió a los periodistas, a los pocos meses de ese nuevo status social, que no podía bajarse ni un peso de su salario porque o de no, no alcanzaba, Que no podía ganar ni un millón menos.

Estupefactos quedaron sus seguidores, que la seguían desde adolescentes, ante esa declaración clasista.

Parecía que la clase dominante y la clase política, todos, mandaban y se corrompían, bajo la mirada maternal de la presidente herida.

El pueblo comentaba que todo que era una sinvergüenzura, pero ellos, los Políticos estaban tan acostumbrados a ese tipo de actuaciones que lo consideraban normal.

Culminando con la desordenada y mal programada inmigración de los haitianos. Cientos de haitianos por días. Vuelos directos de Puerto Príncipe a Santiago de Chile. Se publicaba en las noticias, todos los días, todos los meses. Y el gobierno no decía nada, no opinaba y no explicaba

Se evidenciaba que, más que presidente de Chile, ella era empleada de un organismo internacional que la contrataba y obedecía órdenes. Así su actuar lo indicaba, decía el pueblo.

De los haitianos, algunos, los que traían dinero v contactos, y los que aprendieron español, se salvaron de los conventillos o de la venta menesterosa en la calle, como la mayoría lo hacía, vendiendo cualquier producto en la calle, como subordinado de un proveedor.

Viviendo una esclavitud que no usaba decir su nombre.

######

Todavía estaban efervescentes las actividades contestatarias, las protestas comenzaban a hacer parte de la vida cotidiana, no parecían terminar.

Al retorno de los escolares, apareció un nuevo horario para las marchas, el horario escolar, por las mañanas.

Era normal ahora vivir con protestas, pasar entre las bombas lacrimógenas y las sirenas y los radio patrullas.

Todos los días.

Capítulo 31

Así estaba la situación, cuando comenzaron a llegar las evidencias del virus, del coronavirus. Posteriormente declarado pandémico.

Primero, eran murmullos lejanos.

Noticias del otro lado del mundo.

Desde China.

Impresionantes, sí.

Una epidemia, en China.

Rápidamente, una cuarentena en televisión, las personas sin poder salir de las casas.

Las calles vacías.

Todos con mascarilla.

Los mirábamos como quien ve una película de terror en un cine

Y después la noticia impactante la construcción de un hospital solo para la epidemia.

Un hospital construido en diez días.

Diez días.

Luego la inauguración del hospital.

Noticias que se acercaban gracias a las comunicaciones, el internet y la televisión.

Y ahora los viajes aéreos estaban ahí, rápidos efectivos, internacionales.

Se veía la lejana China, aislándose, cuidándose, andando con máscaras, protegiéndose.

Una cuarentena en toda la ciudad.

Se cierra la ciudad.

Las carreteras que dan a la ciudad también se cierran.

Se leían cifras de fallecidos, números gigantes como todo lo que venía del oriente.

La televisión e Internet divulgaban con pocas palabras pero con impactantes imágenes lo que allá ocurría.

La infección generalizada.

Los millares de enfermos.

La cuarentena de millones y millones de personas.

El video de un chino comiendo un murciélago vivo en el mercado local.

Y la exposición de todo tipo de animales para la venta y la comida.

Decenas de murciélagos, culebras, ratones, aves, reptiles, peces y mariscos.

Había una frase antigua:

Los chinos comen todo lo que se mueve. Era una frase que se repetía, y que, en algunos lugares, siempre se usó en doble sentido.

Después la ciudad de Wuhan cerrado, nadie entraba ni salía de la ciudad. Cuarentena total. Ni de las casas se salía.

Y de pronto la epidemia sale de Wuhan.

Salta de Wuhan a Tailandia, Corea, a Japón.

Llega el primer contaminado a Estados Unidos, vía aérea.

Los viajeros contaminados comienzan a viajar por el mundo.

Llega a Europa.

Las noticias se van acercando.

En Italia, se desata.

Cientos de contaminados,

Y después los muertos, miles.

Enterrados solitarios, sin despedidas, sin autopsia.

Los chinos locales, radicados en Valparaíso, propietarios de las tiendas que venden productos asiáticos en la región, todos usaban mascarillas,

Aquí no se pensaban usar.

-Me da escalofríos verlos, exclamaba una señora.

Intuía el futuro.

Todo el mundo de mascarillas.

Llegó a Europa.

Se expande y provoca una catástrofe en Italia.

Con centenas de muertos, fotografiados y filmados.

Y llega a Estados Unidos, bajo la mirada escéptica de su rubio presidente.

Se sospechaba una catástrofe en ese país.

Solo había medicina particular, pagada. Y toda la población que no tenía seguro ni protección médica, los pobres, los ilegales, los latinos, toda la población de los campamentos de Skid Row, en California y los similares en otros estados, estaban desprotegidos.

Se publicó un aviso en ese país que todos podían asistir y hacerse el examen gratuitamente.

Solo que, si salía contagiado, debería pagar cinco mil dólares.

¿Qué pobre iba ir a correr el riesgo de quedar debiendo esa cuantía?

Y comenzaron a llegar a Chile, los primeros casos con los viajeros cosmopolitas.

El primero fue en Talca.

Después el Barrio Alto comenzó a mostrar sus infectados.

Un colegio local fue declarado un foco de infección.

Los jóvenes protestantes, los más fanáticos, los que dudaban de todo, pensaron que era un truco. Una maniobra. Un cuento. Una farsa inventada por el gobierno local para sofocar todas esas manifestaciones y protestas que parecían desenfrenadas.

Un golpe sucio

Una maniobra urdida por el régimen establecido para acabar con el caos y la fuerza de las protestas. Una estratagema organizada.

Un truco vil.

Una amenaza a la libertad de expresión.

Se acercó una joven activista y me preguntó:

-¿Verdad que la historia de la pandemia es una mentira?

-No sé, le respondo, pero dicen que lo primero que mueren son los viejos. Así que no se preocupen.

Y ella se retiró en silencio.

######

Como ellos pensaron, el virus acabó con las protestas.

Como un golpe certero, bien dado.

Digno de destaque, pero, con certeza, no había sido urdido por el poder local.

Y el día que murieron once mil personas en el mundo, fue declarado pandemia.

Hubo protestas y críticas a esa declaración. Los expertos decían que no cumplía los requisitos para esa declaración, que había sido forzada por los organismos mundiales interesados en crear un pánico.

Llegó un momento en que el coronavirus se apropió del planeta, del mundo, de los diarios, de la televisión.

Fue declarada pandemia.

Pandemia es una epidemia mundial. Muchos países con esta enfermedad.

Y una especie de pánico mundial, un terror se creó.

Casi todo el mundo enclaustrado.

En cuarentena.

En sus cuartos.

En sus casas y departamentos.

Todo el mundo con mascarillas.

¿Quién iba a imaginar todo el mundo, de China a Francia, de Japón a Nueva york, de Grecia a Chile con mascarillas?

El gobierno comenzó a dar bonos para apoyar a la cantidad de gente que dejó de trabajar, que no recibía dinero, para ayudarlos a solventar los gastos.

Dicen que Argentina, que enclaustró, colocó en cuarentena, todo el país de un golpe. Miles en cuarentena. Terminó siendo la más larga cuarentena del mundo.

Quien entró, entró,

Quien está se quedó

¿Quiere salir?,

-No señor.

Dicen que el país vecino dio alimentos a todos sus habitantes,

Estén donde estén.

No consigo imaginar la cantidad de alimentos que el gobernó tiene que distribuir.

Y no se supo si tal concentración fue efectiva.

El gobierno chileno decidió dar bonos

Yo no recibía nada

Varios conocidos míos lo recibieron.

Uno más joven, lo recibió, por cesantía.

Mis vecinos de la calle, también lo recibieron.

Iban a la caja del banco y ahí estaba el inesperado dinero.

Yo fui al banco,

Entré a Internet,

Fui a la Municipalidad,

A la Intendencia.

Según, el gobierno, no estoy necesitado de dinero.

Si las frías instituciones lo dicen.

Nada. Yo no necesitaba de dinero decían los computadores.

Volví a la municipalidad, a la avenida Argentina.

Filas inmensas. Como viejo cojo, paso al frente.

Yo, la funcionaria y el computador.,

Ahí´ está el secreto. Donde antiguamente vivía estaba registrado. Era la casa de un minero ganador de un sueldo millonario. Yo aparecía protegido por esa fortuna.

-No. Yo arriendo un taller, no soy el dueño de la casa, gano lo mínimo.

Y todo fue reordenado.

En el futuro usted comenzará a recibir los apoyos, las ayudas y la protección del gobierno.

#####

La radio y la televisión, los diarios y el internet, todos hablaban del tema, el coronavirus, veinticuatro horas por día. Hasta el loco de la esquina. Parecía que la idea era crear un pavor universal.

¿Quién pagaría eso, se preguntaba el pueblo? Porque en este mundo actual todo se mueve a dinero y si el tema del día era esa peste así sin parar, alguien pagaba.

Había gente que no salía de casa, se creó un pánico colectivo., mundial,

Un terror universal.

Se descubrió que la expansión continuó con los viajeros. Eran los más contaminantes, los que podían transmitir el afamado virus.

A Punta Arenas llegaron a través de los lujosos trasatlánticos que transportaban turistas en esos hoteles de suntuosos.

Y cuando se descubrió que esos hoteles marinos ambulantes eran también focos de infección, que los que los abrazaban, compartían, besaban y culiaban con ellos podían estar contagiados. se cerraron los puertos.

Tuvieron que quedar vagando por los mares, como Ulises vagaba por la antigua Grecia, tuvieron que deambular por los mares cercanos por semanas esperando un punto de llegada, un puerto que los acogiese.

Había gente que se encerraba, se creó un pánico y la gente corre al hospital.

Se decía que los mayores de edad, los viejos, eran los más susceptibles de contagiarse y morir.

Hablan de cuarentena y los supermercados se vaciaron, quedaron sin mercadería.

Dijeron que la diarrea era uno las consecuencias se acabaron los limpia culos en los mercados.

Había zonas, países enteros, en cuarentena.

En los que las personas no podían salir a la calle.

Se emitieron salvoconductos especiales para poder transitar.

Circularon fotos de países con los cadáveres abandonados en las calles, como en Guayaquil, en Ecuador.

O filas de camiones y camiones cargando muertos, como en Italia, en un show siniestro y cinematográfico.

Años atrás, s publicó en Internet, se publicó una foto con miles y miles de ataúdes llegando a Estados Unidos y con una pregunta:

¿Para qué?

Ahora hay una respuesta.

Y lo reamente triste, era que, por el temor y la posibilidad del contagio los entierros se tenían que hacer sin los ceremoniales acostumbrados, sin deudos, sin condolencias, sin adioses, sin abrazos ni besos de despedida.

Se instalaba el fallecido en el cajón, se sellaba, y, en absoluta soledad, es incinerado y enterrado.

A lo más se hacía una despedida por imágenes.

Corre en internet un video, comentando, que algunos médicos ítalos, ante la inmensa cantidad de fallecidos, decidió practicar la autopsia en algunos cadáveres, a pesar de la expresa prohibición de las ordenes Mundiales.

Se encontraron con una sorpresa.

El desarrollo interno de la enfermedad era diferente al que la poderosa organización mundial informaba.

Esos médicos, dice el mensaje, mudaron la medicación y se detuvieron los casos fatales.

Los chinos locales, propietarios de las tiendas que venden productos asiáticos en la región, todos continuaban usando mascarillas, fueron los primeros aquí en Valparaíso.

-Es una locura planetaria, el doctor argentino dice.

El Profesor de bioestadística y buen comunicador, continúa;

-Fue un error de cálculo. Es un exagero, culpa de la incompetencia, repetía el profesor.

-Sacaron mal los cálculos.

No ha muerto tanta gente como en otras enfermedades, como la tuberculosis, el virus sincicial. Fue un error de cálculo, no existían las condiciones para ser declarada pandemia, sigue el profesor de bioestadística. Ni al pavor, ni al caos.

No había el porcentaje necesario de casos que la ciencia exige.

Agregaron a la misma lista todos los fallecidos, de cáncer, de ataques del corazón, de Sida y de otras gripes, los sumaron a los fallecidos por el virus, de ahí sacaron el promedio para la pandemia

. Fueron las presiones de grupos interesados, sobre todo de organizaciones sanitarias, que forzaron esa decisión, dirigidos por un africano político, apoyados por los chinos, apuntalados por grupos internacionales y poderosos interesados en esa declaración.

No todos los muertos que han sido determinados como fallecidos por coronavirus han muerto por ello.

Los muertos por cáncer, por ataques al corazón han sido dados como muertos por sida, todos en el mismo saco.

Los doctores presionados, han declarado por obligación.

Grupos activos que están interesados en incentivar el pánico mundial

El número de fallecidos, por temporada, se han mantenido igual que otros años.

Y la cuarentena, ¿eficaz?. Suecia que tuvo una cuarentena relativa tuvo menos fallecidos que otros que tuvieron cuarentena total

Había cientistas que si apoyaban la cuarentena.

Decían que las esporas del virus eran tan pequeños que penetraban casi cualquier lugar, que se movían metros en segundos y que, además, permanecían horas y hasta días esperando su humano para contagiarlo.

Altamente contagiosos

Y el presidente de la nación decide comenzar a quitarle el piso al miedo a la pandemia y hace comunicado a la nación diciendo que gradualmente se irá volviendo a la normalidad.

Los empleados públicos, a través de la portavoz, anunció que ellos no se arriesgarían.

-Claro, decía el pueblo, tienen sus sueldos garantizados.

Los comerciantes se alegraron, podrían abrir sus tiendas.

Mas se alegraron los compradores, los que tenían plata y crédito, y se agolparon en la puerta de los centros comerciales, sin ningún cuidado, ni protocolo de prevención.

Otros, celebrando, participaron de una fiesta de cuatrocientos personas, interrumpida por la policía.

-Aún estamos en estado de catástrofe, dijeron las autoridades

Y los ricos más ricos, celebraban, así como los pequeños comerciantes lloraban, los grandes, las cadenas de supermercados, las multitiendas y los que vendían por internet vieron crecer sus riquezas y sonreían.

-Está llegando el invierno, con el frío, puede aumentar la pandemia.

El invierno va a llegar.

- O puede haber un rebrote.

- No hemos ganado nada todavía.

En un virus nuevo, no se conoce el comportamiento futuro.

- Creemos que el futuro, con la crisis económica que viene, será peor que esta época.

Se acerca un caos

Y el vocero de las protestas, del estallido, sin agradecer el aviso, anunció que ellos si, volverían a la normalidad y renovarían sus protestas lunes y viernes

Capítulo 32

Y yo, aquí, sentado, en mi pequeño taller golpeando las teclas del computador, con un dedo

Con la mascarilla al lado mío, tomando vitaminas y comiendo jengibre.

Esperando los días pasar y la llegada del invierno, del frío y la segunda temporada de gripes.

Saliendo a trabajar cuatro horas por días y esperando.

Compartiendo con la delirante vecina, la Poderosa, trastornada de tanto miedo, que pone letreros en los corredores, en la heladera

"No infecte mis pertenencias."

Yo, esperando la coquetona muerte llegar.

########

Memento, homo, quia pulvis es, et in pulverem reverteris.

De polvo eres y en polvo te convertirás,

Dice uno de los libros más antiguos del mundo.

En el Génesis de la Biblia.

www.ingramcontent.com/pod-product-compliance
Lightning Source LLC
LaVergne TN
LVHW050557160826
845677LV00011B/2343

* 9 7 9 8 8 4 9 2 0 7 4 3 8 *